Thorsten Schleif

URTEIL: UNGERECHT

W0189824

Thorsten Schleif

URTEIL: UNGERECHT

Ein Richter deckt auf,
warum unsere Justiz versagt

Bibliografische Information der Deutschen Nationalbibliothek
Die Deutsche Nationalbibliothek verzeichnet diese Publikation in der Deutschen Nationalbibliografie. Detaillierte bibliografische Daten sind im Internet über http://d-nb.de abrufbar.

Für Fragen und Anregungen
info@rivaverlag.de

Originalausgabe
1. Auflage 2019
© 2019 by riva Verlag, ein Imprint der Münchner Verlagsgruppe GmbH
Nymphenburger Straße 86
D-80636 München
Tel.: 089 651285-0
Fax: 089 652096

Redaktion: Dr. Annalisa Viviani
Umschlaggestaltung: Marc-Torben Fischer, München
Umschlagabbildung: Stephan Pick Fotografie, Köln
Satz: bären buchsatz, Berlin
Druck: GGP Media GmbH, Pößneck
Printed in Germany

ISBN Print 978-3-7423-1150-4
ISBN E-Book (PDF) 978-3-7453-0814-3
ISBN E-Book (EPUB, Mobi) 978-3-7453-0815-0

—— *Weitere Informationen zum Thema finden Sie unter* ——

www.rivaverlag.de

Beachten Sie auch unsere weiteren Verlage unter www.m-vg.de

Inhalt

Meinen Eltern

Auftakt

Wie alles begann

Düsseldorf im September 2007: Ich sitze im Vorzimmer des Präsidenten des Landgerichts Düsseldorf in meinem besten Anzug und mit neuer Krawatte. Peinlich genau habe ich mich an diesem Morgen rasiert und mindestens dreimal meine Schuhe poliert. Kurz gesagt: Ich bin äußerst nervös. Es ist mein erster Arbeitstag als Richter. Der Präsident lässt mich nicht lange warten. Er begrüßt mich offen und warmherzig. So habe ich mir einen Landgerichtspräsidenten vorgestellt: freundlich, offen, humorvoll, ein väterliches Auftreten. Nach ein paar ermunternden Worten begleitet er mich persönlich zu dem Vorsitzenden meiner ersten Kammer. Von ihm werde ich in den nächsten acht Monaten mehr lernen als in vier Jahren Jurastudium und zwei Jahren Referendariat. Auch er begrüßt mich freundlich und zeigt mir mein Büro mit dem Hinweis, dass ich dort sogar Zimmerpflanzen habe. Seinen Sinn für Humor kenne ich noch nicht.

Als ich jedoch mein Büro betrete, sehe ich, was er meint: Durch den morschen Fensterrahmen ist Efeu in den Raum gewachsen, und zwar auf einer Fläche von etwa zwei mal zwei Metern, die Farbe bröckelt an den Mauern herab, es riecht modrig.

Die Büromöbel stammen aus den Siebzigerjahren (möglicherweise sogar aus den Sechzigern), sind zerkratzt, weisen an vielen Stellen Kaffeeränder und abgeschlagene Ecken auf, das Linoleum auf dem Boden hat mindestens fünf Löcher von der Größe eines Bierdeckels. Ich habe zwar viel über den schlechten Zustand deutscher Gerichte gelesen, aber die Beschreibungen immer für etwas übertrieben gehalten. An diesem Tag mache ich mir meine erste kleine Notiz und beschließe, irgendwann ein Buch über die Zustände in der Justiz zu schreiben.

Elf Jahre später: Obwohl ich Notizzettel mit kleinen und größeren Anekdoten über Versäumnisse und Missstände der Justiz aufbewahre (zum Leidwesen meiner Frau mehr oder minder ordentlich an verschiedenen Stellen unserer Wohnung), habe ich nie begonnen, ein Buch zu schreiben. Das wird sich aber bald ändern. Und zwar noch heute.

Es ist Montag, und ich leite wie immer an diesem Tag eine Strafrichtersitzung. Im Zuschauerraum hat eine Schulklasse Platz genommen. Das ist nichts Ungewöhnliches. Häufig kommen Schulklassen im Rahmen eines Rechtskundeunterrichtes vorbei und wohnen einer Verhandlung bei. Mir gefällt das Interesse der Schüler, darum beantworte ich in den Sitzungspausen gern ihre Fragen. Eine Schülerin, die ebenfalls Richterin werden will und sich bereits über den Richterberuf informiert hat, stellt eine Frage nach der anderen. Schließlich sprechen wir auch über Ausbildung, Arbeitszeiten und Gehalt. Irgendwann bemerkt sie trocken: »Da läuft bei den Gerichten aber einiges schief!« Ich muss über ihre Offenheit lachen und stimme ihr zu. »Irgendwann möchte ich mal ein Buch dazu schreiben«, erkläre ich ihr. Sie fragt: »Warum tun Sie es nicht einfach? Ich würde es lesen.«

An diesem Abend beginne ich mit der Niederschrift des Buches, das Sie jetzt in den Händen halten. Es enthält Erlebnisse, die ich in mehr als elf Jahren als Richter an einem Landgericht, zwei Amtsgerichten und der Verwaltung eines Oberlandesgerichts gesammelt habe. Aus Gesprächen mit mehr als 1000 Personen: Staatsanwälten, Wachtmeistern und Rechtspflegern, Geschäftsstellenleitern und Richtern, aber auch Rechtsanwälten, Polizeibeamten, Verurteilten und Rechtsschutzsuchenden.

Ich bin mir bewusst, dass in den folgenden Kapiteln viele Dinge angesprochen werden, welche die Justiz ungern in der Öffentlichkeit sieht. Einige Kollegen werden einiges als »Nestbeschmutzung« ansehen und behaupten, das eine oder andere sei gar nicht so schlimm oder jedenfalls zu drastisch dargestellt. Bereits Kurt Tucholsky bemerkte zutreffend: »In Deutschland gilt derjenige, der auf Schmutz hinweist, für viel gefährlicher als derjenige, der den Schmutz macht.« Die zahlreichen Beispiele in den folgenden Kapiteln haben sich tatsächlich so ereignet. Lediglich die Namen habe ich aus Rücksichtnahme auf meine Kollegen geändert.

Ich danke den vielen Freunden und Kollegen, die mich zum Schreiben dieses Buches ermutigt und mit zahlreichen Ideen und Anregungen unterstützt haben, vor allem meinen Testlesern Thomas, Christian, Udo, Eda, Juliane und Yvonne sowie meinem Kollegen Richter am Amtsgericht, Stephan Zantke, für seinen fachmännischen Rat bei der Suche nach einem geeigneten Verlag.

Ebenso Maximilian Eberhard vom riva Verlag, der mir stets ein tatkräftiger Ansprechpartner war und mich während der gesamten Zeit unterstützt hat, vor allem auch durch die Wahl einer großartigen Lektorin. Bereits nach unserem ersten Treffen war ich überzeugt, Dr. Annalisa Viviani hätte mit ihrem selbstbewussten Auftreten und ihren klaren und deutlichen Worten auch eine beeindruckende Strafrichterin abgegeben.

Ein besonderer Dank gebührt meiner Ehefrau, Freundin und Kollegin, Richterin am Amtsgericht Anne Schleif, die auch noch nach dem tausendsten »*Hör doch mal! Kann ich das so schreiben?*« geduldig und aufmerksam zuhörte – und niemals mit Kritik sparte.

Das ganze Spektrum

»*Das soll gerecht sein?*« *Die Frau hatte Tränen in den Augen. »Die schlagen meine Tochter zusammen und brechen ihr die Nase. Eine Woche war sie im Krankenhaus und wurde operiert. Und dafür soll jeder 15 Sozialstunden ableisten. Und so ein Gewalttraining. Die da oben leben doch in einem Elfenbeinturm!« Sie starrte mich an. Wütend, verzweifelt, hilflos. Sie wusste nicht, dass auch ich zu »denen da oben« gehörte. Kein Wunder. Mit verwaschenen Jeans und T-Shirt sah ich kaum so aus, wie man sich einen »ehrwürdigen Richter« vorstellt.*

Ich blickte auf die Saaltür, aus der die Frau gekommen war. Dort tagte ein Jugendgericht. Die Frau wischte sich die Tränen von der Wange und stürmte ohne ein weiteres Wort in Richtung Ausgang. Ich kannte den Fall nicht. Vielleicht war das Urteil, das sie so aufgeregt hatte, »vertretbar«, wie es in der Juristensprache heißt. Eines allerdings wusste ich mit Sicherheit: Diese Frau hatte das Vertrauen in die Justiz verloren.

Urteil: ungerecht – Ein Richter deckt auf, warum unsere Justiz versagt – ein wenig reißerisch, oder? Und was heißt überhaupt »versagt«? Versagt unsere Justiz, weil es ihr deutschlandweit nicht (mehr) gelingt, hoch qualifizierte Juristen für den Richterberuf zu gewinnen? Weil sie ihre Richter schlechter ausbildet, besoldet und ausstattet als die meisten anderen Länder Europas? Weil sie Beförderungsämter derart vergibt, dass selbst manche Bananenrepublik neidisch werden könnte? Weil vier von zehn Bürgern nur noch geringes Vertrauen in die deutsche Justiz haben? Ja, bei näherer Betrachtung ist das Wort »versagen« absolut zutreffend.

Das Misstrauen der Bevölkerung in den Staat und seine Gerichte ist so groß wie nie zuvor. Gerichte stehen Kriminellen mitunter ohnmächtig gegenüber. Kaum ein Tag vergeht, an dem nicht von neuen »Skandalurteilen« in den Medien berichtet wird: »19-Jährige tot: Kölner Raser kommen mit Bewährungsstrafe davon«,[1] »Empörung über Urteil – Kultureller Rabatt für ›Ehrenmord‹«,[2] »Hamburg: Gruppenvergewaltiger kommen frei«,[3] »Bilanz der Kölner Silvesternacht: Hunderte Opfer, fast keine Täter«[4] – diese Liste ließe sich nahezu endlos fortschreiben. Laut einer aktuellen Umfrage von *Focus Online* haben 44,9 Prozent der befragten Bürger nur »geringes« oder »sehr geringes« Vertrauen in die deutsche Justiz.[5] Die Ereignisse in Chemnitz im Spätsommer 2018 zeigen – und zwar unabhängig von der kontrovers diskutierten Einordnung als Hetzjagd oder Protest – vor allem eins: die Verunsicherung eines beachtlichen Teils der Bevölkerung sowie ihr gesteigertes Misstrauen gegenüber dem Staat und seiner Justiz. Die Erörterung und Untersuchung dieser großen Gefahr ist bei der Diskussion des Geschehens in den Medien in den Hintergrund geraten.

Eine Justiz, der die Bürger nicht (mehr) vertrauen, hat versagt. Verliert der Bürger den Glauben in das Rechtssystem eines Staates, dann verliert der Staat sein Existenzrecht. Das Rechtssystem eines modernen Staates ist wie ein Rückgrat. Wird es gebrochen, ist der Staat dauerhaft gelähmt. Es besteht die große Gefahr, dass der Bürger dann versucht, das Recht selbst in die Hand zu nehmen. Teilweise kommt es bereits zu derartigem Verhalten: Am 15. Juni 2018 rottete sich eine Gruppe Männer zusammen und schlug einen Mann halb tot. Sie hatten einen Bericht im Fernsehen über Pädophile verfolgt und glaubten, den Mann wiedererkannt zu haben. Im Nachhinein stellte sich heraus, dass es sich nicht um den Mann aus dem Fernsehbericht handelte.

Fehlurteil, Skandalurteil – worüber reden wir eigentlich?

Immer häufiger stoßen Urteile deutscher Gerichte auf wenig Verständnis, oft hinterlassen sie nur ungläubiges Kopfschütteln in der Bevölkerung. Von Fehl- oder Skandalurteilen wird in Fernsehen, Radio und Zeitungen berichtet. Doch was ist überhaupt ein Fehlurteil, und was ist ein Skandalurteil? Eine gesetzliche Definition wird man hierfür vergebens suchen.

Unter einem Fehlurteil wird in der Regel eine strafrechtliche Verurteilung eines Unschuldigen verstanden. Hin und wieder hört man auch die verharmlosende Variante »Justizirrtum«. Klingt netter, nur nicht für den »irrtümlich« Verurteilten. Zu den spektakulärsten Fällen der letzten Jahre zählen wohl der Fall des unschuldig wegen Vergewaltigung zu einer Freiheitsstrafe von fünf Jahren verurteilten Biologielehrers H. Arnold und der Fall des zu Unrecht für sechs Jahre in einem psychiatrischen Krankenhaus untergebrachten G. Mollath. Fehlurteile sind keine Seltenheit. Richter am Bundesgerichtshof Ralf Eschenbach schätzt, dass jedes vierte Strafurteil ein Fehlurteil sei.[6] Und er beschränkt seine Schätzung offensichtlich nicht nur auf die Urteile des Bundesgerichtshofs, sondern bezieht sich auf sämtliche Strafurteile deutscher Gerichte.

In Abgrenzung zu dem Begriff »Fehlurteil« findet das Wort »Skandalurteil« regelmäßig Verwendung, wenn eine Entscheidung zwei Merkmale aufweist:

Erstens handelt es sich fast ausnahmslos um Strafurteile, also um Urteile, die von einem Strafrichter, einem Schöffengericht oder einer Strafkammer beim Landgericht erlassen werden. Nur selten werden Urteile anderer Gerichte, etwa des Verwaltungsgerichts oder des Sozialgerichts, als Skandalurteil bezeichnet.

Zweitens sind es Strafurteile, die als außergewöhnlich milde gegenüber dem Täter empfunden werden. Und zwar so milde, dass sie dem natürlichen Gerechtigkeitsempfinden von Juristen und Nichtjuristen gleichermaßen widersprechen. Es handelt sich um Entscheidungen, bei denen der erste Gedanke ist »Nein, das kann doch nicht sein« und auch fachkundige Juristen erhebliche Schwierigkeiten haben, die Entscheidung im Ergebnis nachzuvollziehen. Diese Reaktion in der Gesellschaft ist verhältnismäßig jung. Während Fehlurteile in dem Sinne, dass ein Unschuldiger strafrechtlich verurteilt wird, in der Justizgeschichte stets und mit Recht zu Empörung in der Bevölkerung geführt haben und zum Gegenstand zahlreicher Zeitungsberichte, Fernsehbeiträge und sogar Spielfilme wurden, ist die gesellschaftliche Ablehnung zu milde empfundener Strafurteile besonders in den letzten fünf bis zehn Jahren verstärkt zu beobachten.

Wenn diese beiden Merkmale – Strafurteile (1), die derart milde sind, dass sie dem natürlichen Gerechtigkeitsempfinden von Laien und Fachleuten gleichermaßen widersprechen (2) – ein Skandalurteil kennzeichnen, dann existieren weit mehr solcher Entscheidungen, als Sie jetzt vielleicht glauben. Von den meisten Skandalurteilen werden Sie nie erfahren. Denn nur in den seltensten Fällen berichten die Massenmedien auch hierüber. Die Fälle, die ich für das Kapitel 7 (»Augen auf, Justitia!«) aus meinem beruflichen Umfeld ausgewählt habe, haben es nicht in die Medien geschafft. Sind sie deshalb weniger »skandalös«? Entscheiden Sie selbst.

Dass ein »Skandalurteil« keine mediale Beachtung findet, darf nicht darüber hinwegtäuschen, dass die Wirkung dieser vielen von der Öffentlichkeit und den Medien unbeachteten Entscheidungen sogar schwerwiegender ist als die der relativ wenigen »Skandalurteile«, die es in Fernsehen, Zeitung und Radio geschafft haben. Zwar betreffen diese Entscheidungen nur die unmittelbar oder mittelbar an dem jeweiligen Prozess beteiligten Personen – regelmäßig das Opfer sowie Angehörige und Freunde des Opfers –, dafür aber diese Personen aufgrund ihrer persönlichen Nähe um ein Vielfaches intensiver und nachhaltiger als den Zuschauer einer Fernsehsendung oder den Leser einer Zeitung. Beispielsweise hat es der eingangs geschilderte Fall meines Wissens nie auch nur in die Lokalzeitung geschafft. Trotzdem hat die Gerichtsentscheidung das Vertrauen der Mutter des zusammengeschlagenen Mädchens in die Justiz dauerhaft erschüttert, davon bin ich überzeugt.

Er war's! Er war's!

Die katastrophale Lage des deutschen Rechtssystems haben bereits einige meiner Kollegen in ihren Büchern beschrieben. Im Vordergrund stehen dabei die Problematik einer veränderten Gesellschaft und die Einwirkung von Politik und Regierung auf die dritte Staatsgewalt. Ich widerspreche meinen Kollegen nicht, ihre Kritik ist vollkommen berechtigt. Doch auch die Schuld für die mit sehr viel Zurückhaltung und Wohlwollen immer noch als beschissen zu bezeichnende Situation der Justiz suchen meine Kollegen bei Politik, Regierung und veränderter Gesellschaft. Hierbei übersehen sie jedoch, dass die Richterschaft, und zwar jeder einzelne Richter, an der ganzen Misere eine beachtliche Mitschuld trägt (Achtung: Die Nestbeschmutzung beginnt!). Es ist für einen Richter zwar sehr angenehm, mit dem Finger auf Regierung und Politik zu zeigen, die Schuld für die Situation dort zu suchen. Jedoch ist es die Richterschaft und damit immerhin eine Staatsgewalt, die diese Situation untätig hinnimmt und sich die Behandlung seitens der Regierung bieten lässt. Wem man die Schuld gibt, dem gibt man auch die Macht. Ist unsere dritte Staatsgewalt, sind unsere Richter tatsächlich so machtlos? Auch darauf komme ich noch zu sprechen.

Darüber hinaus darf, wenn wir über Skandalurteile reden, auch bei aller berechtigten Kritik an Politik, Regierung und Gesellschaft nicht vergessen werden: Der Urheber eines Skandalurteils ist und bleibt der Richter. Er ist es, der das Urteil spricht. Nicht die Politik. Nicht die Regierung. Nicht die Gesellschaft. Daher richtet sich das Hauptaugenmerk der folgenden Kapitel auf den Richter als der zentralen Figur der Justiz. So wie die Bilder eines Malers besser zu begreifen sind, wenn man Charakter,

Ausbildung und Arbeitsweise des Künstlers kennt, lässt sich ein Urteil besser verstehen, wenn Ausbildung, Einstellung und Arbeitsweise des Richters verstanden werden.

Allzu häufig erklärt Ihnen ein Pressesprecher eines Gerichtes, wenn Sie sich völlig zu Recht über ein Skandalurteil ärgern, Ihnen würden die juristischen Kenntnisse fehlen, um die Entscheidung zu verstehen. Vertrauen Sie weiterhin Ihrem gesunden Menschenverstand und Ihrem natürlichen Rechtsempfinden! Wenn Ihnen Ihr Bauchgefühl sagt, dass ein Strafurteil ungerecht ist, liegen Sie vermutlich richtig.

Nach der Lektüre dieses Buches wird Ihnen bewusst sein,

- dass bereits Auswahl, Ausbildung, Ausstattung und dienstliche Beurteilung des Richters mangelhaft sind,
- dass die Gewaltenteilung in Deutschland nicht wirklich funktioniert,
- dass Richter typische und gefährliche Charaktereigenschaften haben,
- dass Skandalurteile kein Zufall sind, sondern Symptom eines kurz vor dem Zusammenbruch stehenden Rechtsstaates und
- wie man einen Kollaps des Rechtstaates (noch) abwenden könnte.

Ordentliche und unordentliche Richter

Obwohl sich die meisten Ausführungen der folgenden Kapitel ohne Weiteres auf andere Gerichtszweige übertragen lassen, beziehen sie sich auf die sogenannte ordentliche Gerichtsbarkeit. Zu dieser ordentlichen Gerichtsbarkeit gehören mehr als

70 Prozent der insgesamt etwa 20 000 deutschen Richter. Ordentliche Richter sind solche Kollegen, die mit Straf- und Zivilsachen[7] befasst sind. Falls Sie sich jetzt fragen: »Wenn es ordentliche Richter gibt, gibt es dann auch unordentliche?«, lautet die Antwort: Ja, die gibt es. Um aber nicht die Gefühle dieser Kollegen zu verletzen, spricht man nicht von unordentlicher, sondern von »außerordentlicher«, bisweilen auch von »besonderer« Gerichtsbarkeit – das klingt viel freundlicher. Zu den außerordentlichen Gerichtsbarkeiten gehören die Arbeitsgerichtsbarkeit, die Verwaltungsgerichtsbarkeit, die Sozialgerichtsbarkeit und die Finanzgerichtsbarkeit. Dort arbeiten die unordentlichen … Verzeihung, ich meine natürlich die »außerordentlichen« Kollegen. Dass diese Richter etwas Besonderes sind, erkennt man auch an ihrer Robe: Während die Richter der ordentlichen Gerichtsbarkeit (wie auch die Staatsanwälte) Schwarz tragen, sind die Richter der außerordentlichen Gerichtsbarkeit um einiges farbenfroher gekleidet und tragen Blau, Violett, Grün oder Rot.

Die Unterscheidung zwischen »ordentlichen« und »außerordentlichen« Richtern stammt aus den feudalen Strukturen des 17. Jahrhunderts, als zwar Zivil- und Strafgerichte mit unabhängigen Richtern (also ordentlich), die Verwaltungsgerichte jedoch mit Verwaltungsbeamten (und damit außerordentlich) besetzt waren.

Noch ein Wort zur Sprachwahl. Ich bin kein Freund der sogenannten geschlechtergerechten Sprache und verzichte daher weitgehend auf Bezeichnungen wie *Richter*in*, um des flüssigen Lesens willen. Es ist keine Unterschätzung der Bedeutung der Frau in der Richterschaft. Denn eines ist sicher: Auf jeden großartigen Richter, den ich in den vergangenen elf Jahren kennengelernt habe, kommen mindestens zwei großartige Richterinnen.

Kapitel 1

Geiz ist geil? – Gesucht: Richter, schnell und billig

Ich blickte in fassungslose Gesichter. Es dauerte eine Weile, bis einer der jungen Polizeibeamten wieder etwas sagte: »Aber, das ist doch unverantwortlich!« Am Ende eines Vortrags, den ich seit einigen Jahren für junge Polizisten halte, findet stets eine offene Fragerunde statt. So war es auch dieses Mal. Ein Polizeibeamter schilderte, dass er seit seiner Einstellung vor einem Jahr schon fünf Strafrichter erlebt habe, die im Sitzungssaal alles andere als eine gute Figur abgeliefert hätten. Unsicher, hilflos, überfordert. »Woran liegt das?«, wollte er von mir wissen. »Daran, dass Richter schlecht ausgebildet werden«, war meine Antwort. Zunächst gab es Gelächter. Die meisten Zuhörer dachten, ich würde einen Witz machen. Als sie mir jedoch ansahen, dass ich es ernst meinte, wurde es still. »Bitte schätzen Sie einmal«, forderte ich sie auf, »wie lange die Ausbildung eines Richters nach seiner Einstellung ist! Wie lange wird ein Richter auf Zeugenvernehmungen, Aussagepsychologie, Sitzungsleitung, Aktenbearbeitung und so weiter vorbereitet.« – »Nachdem Sie uns ja ›vorgewarnt‹ haben, wahrscheinlich nicht so lange. Ein halbes Jahr?«, fragte einer. »Vier Monate?«, meinte ein anderer. Die anderen nickten zustimmend. »Falsch«, antwortete ich, »es sind neun Tage. Wenn Sie an einem dieser Tage erkrankt sind, können es allerdings auch weniger sein. Neun Tage. Und auch nicht sofort nach der Einstellung. Bei mir hat es damals mehrere Monate gedauert, in denen ich bereits als Richter gearbeitet habe, bevor ich meinen ersten Ausbildungstag hatte.«

Die Richterauswahl in Deutschland ist seit vielen Jahren nicht mehr zufriedenstellend. Die Bewerberzahlen nehmen ab. Richter werden händeringend gesucht. Die Anforderungen sind darum herabgesetzt worden, und die Eignungsprüfung der Bewerber erfolgt oberflächlich. Der Bedarf nach neuen Richtern ist so groß, dass man Kandidaten, die den Anforderungen halbwegs genügen, gar nicht ablehnen kann. Neben eine bestenfalls ausreichende Auswahl der Richter tritt eine ungenügende Ausbildung. Das Studium der Rechtswissenschaften bereitet ebenso wenig auf den Richterberuf vor wie das darauf folgende zweijährige Referendariat. Ob ein junger Richter von seinen Kollegen lernt, ist reine Glückssache. Der Staat vernachlässigt die Richterausbildung aus Kostengründen ganz bewusst. Fehlentscheidungen gerade im Bereich des Strafrechts nimmt er sehenden Auges in Kauf.

Wer will noch Richter sein? Freiwillige an die Front!

Die Befähigung zum Richteramt erwirbt, wer nach rechtswissenschaftlichem Studium und erster Staatsprüfung im Anschluss an einen Vorbereitungsdienst, das Referendariat, die zweite Staatsprüfung erfolgreich abschließt. Grundsätzlich ist damit jeder sogenannte Volljurist, also jemand, der beide juristischen Staatsexamina erfolgreich abgeschlossen hat, zum Richter befähigt. Allerdings findet bei der Besetzung der Richterstellen eine Bestenauslese statt – jedenfalls im Moment noch. Das steht in Einklang mit Art. 33 Abs. 2 des Grundgesetzes, wonach jeder Deutsche nach seiner Eignung, Befähigung und fachlichen Leistung gleichen Zugang zu jedem öffentlichen Amt hat. Ein wichtiges Auswahlkriterium stellt deshalb nach wie vor die Examensnote dar. Noch gehören Richter zu den besten 20 Prozent der Juristen ihres Abschlussjahrgangs. Noch.

Der Staat ist jedoch nicht der Einzige, der die besten Juristen eines Jahrgangs für sich gewinnen will. In Konkurrenz mit der Justiz als Arbeitgeber für Richter und Staatsanwälte stehen deutsche Anwaltskanzleien. Insbesondere die Großkanzleien. Ebenso wie die Justiz setzen Großkanzleien regelmäßig überdurchschnittliche Examensnoten bei ihren Bewerbern voraus. Dabei stellen sie den Berufsanfängern Jahresgehälter in Aussicht, die der Staat nicht einmal seinen Landgerichtspräsidenten zahlt. Berufsanfänger einer Großkanzlei beziehen gegenwärtig ein Jahreseinkommen von bis zu 140 000 Euro brutto. Das ist mehr als das Jahreseinkommen eines Oberlandesgerichtspräsidenten! Bis vor einigen Jahren konnte die Justiz als Arbeitgeber gegenüber Großkanzleien deshalb lediglich mit der sogenannten Work-Life-Balance punkten. Arbeit und Privatleben – vor allem die Familie – waren im Justizdienst erheblich besser zu vereinbaren als in einer Großkanzlei. Doch auch in diesem Bereich haben die Großkanzleien beeindruckend nachgebessert: durch die Einführung fester Arbeitszeiten, die Möglichkeit von Teilzeitarbeit und die Einrichtung kanzleibetriebener Kindertagesstätten.

Hingegen ist es mit der Familienfreundlichkeit in der Justiz in vielen Fällen nicht mehr weit her. So nehmen einige meiner

Kolleginnen täglich eine mehr als vierstündige Bahnfahrt in Kauf, um ihren Richterberuf ausüben zu können. Auch aus solchen Gründen hat die Justiz zunehmend an Attraktivität als Arbeitgeber verloren. In den von mir unterrichteten Arbeitsgemeinschaften für Rechtsreferendare versuche ich stets, geeignete Bewerber für den Justizdienst zu gewinnen. In den letzten Jahren kaum noch mit Erfolg. Vor allem aus zwei Gründen lehnen angesprochene Referendare den Richterberuf für sich ab: die schlechte Bezahlung und die fehlende Flexibilität bei der Wahl des Arbeitsortes.

Deutschlandweit gehen die Bewerberzahlen für den Dienst als Richter und Staatsanwalt in den letzten Jahren zurück. Ganze Einstellungsrunden, in denen geeignete Kandidaten hätten ausgewählt werden sollen, kamen gar nicht erst zustande, da es an Bewerbungen fehlte. Und das, obwohl in den nächsten zehn Jahren vier von zehn Richtern und Staatsanwälten in den Ruhestand gehen werden!

Wird auf die Pensionierungswelle reagiert? Nur scheinbar. »Rechtsstaats-Pakt steht: 2000 neue Staatsanwälte und Richter« titelte die *Westdeutsche Allgemeine Zeitung* am 31. Januar 2019.[8] 2000 neue Stellen! Toll! Leider vergaß die *WAZ* zu erwähnen, dass sich keine Bewerber für diese Stellen finden, noch nicht einmal für die bereits bestehenden Stellen. Aber es klingt schon mal gut: »2000 neue Stellen« geschaffen. Das können Sie auch! Überraschen Sie doch mal Ihre bessere Hälfte und sagen in großzügigem Ton: »Schatz, ich habe lange nachgedacht. Du bist überlastet. Kochen, waschen, staubsaugen, Badezimmer und Fenster putzen. Ich habe drei neue Stellen geschaffen: drei Haushaltshilfen. Die übernehmen das alles und entlasten dich! Die Stellen sind bereits fest im Budget eingeplant. Wir müssen nur noch geeignete Bewerber finden. Die Ausschreibung läuft. Kennst du jemanden, der für 2,50 Euro Stundenlohn arbeitet?«

Selbst eine Million neue Stellen helfen nicht, wenn noch nicht mal die bisher bestehenden Stellen besetzt werden können, weil es an geeigneten Bewerbern fehlt. Statt nunmehr die Bezahlung zu erhöhen, um auf diese Weise mehr qualifizierten Bewerbern einen größeren Anreiz zu bieten, schlagen die Justizministerien einen anderen Weg ein. Nordrhein-Westfalen setzte die Einstellungsvoraussetzungen für Richter herab. Früher war die Zeugnisnote »vollbefriedigend«[9] im Zweiten Staatsexamen Voraussetzung für den Eintritt in den Richterdienst – übrigens auch für den Beruf des Staatsanwalts. Juristen, die diese Zeugnisnote erzielen, zählen auch heute noch zu den besten 20 Prozent der Juristen ihres Jahrgangs. Auf diese Qualifikation verzichtete das Justizministerium Nordrhein-Westfalen und setzte die erforderliche Notenstufe schrittweise herab, um mehr Bewerber für den Richterdienst zu gewinnen. Bereits am 18. Februar 2015 berichtete der Direktor des Amtsgerichts Bielefeld, Jens Gnisa, in der *Frankfurter Allgemeinen Zeitung*, dass im Bezirk des Oberlandesgerichts Hamm die Einstellungshürde auf ein glattes »Befriedigend« abgesenkt worden sei.[10] Das ist eine Absenkung um eine volle Notenstufe.

In den anderen Bundesländern sieht es nicht rosiger aus: In Berlin mussten im Jahr 2008 sogar noch zwei Prädikatsexamina, das heißt in jeder juristischen Staatsprüfung die Note »vollbefriedigend« erzielt werden, um sich für ein Richteramt bewerben zu können. Mittlerweile genügt die Note »befriedigend« in beiden juristischen Staatsprüfungen.[11]

Auch in Bayern ist seit einigen Jahren in der dort allein maßgeblichen zweiten juristischen Staatsprüfung die Note »vollbefriedigend« nicht mehr erforderlich, um sich für das Richteramt zu bewerben, die Note »befriedigend« genügt.

Trotz dieser deutlich herabgesetzten Anforderungen blieben die erhofften Bewerberströme deutschlandweit aus. Auch Werbeveranstaltungen für Rechtsreferendare, die in Nordrhein-Westfalen seit einiger Zeit Mode geworden sind, haben keinen Erfolg, was nicht zuletzt an den furchtbaren Veranstaltungen selbst liegt. Dort sprechen junge Nachwuchsrichter oder Richter, die in der Gerichtsverwaltung tätig sind, ausschließlich über die Vorteile des Richterberufs. Ich habe mit mindestens 50 Referendaren gesprochen, die auf derartigen Veranstaltungen waren. Sie beschrieben die Vorträge und das Auftreten der Richter als »nicht offen«, »langweilig« und »nicht authentisch«. Mehr ist von diesen Veranstaltungen auch nicht zu erwarten. Es scheint, als erhielten die jungen Nachwuchsrichter ein ausführliches Coaching zu dem, was sie in den Werbeveranstaltungen sagen dürfen, und vor allem dazu, was sie nicht sagen dürfen. Die Richter der Gerichtsverwaltungen sind meist Karrieristen, die nichts sagen würden, was ihre Karriere gefährden würde. Ehrlichkeit darf man deshalb bei diesen Vorträgen nicht erwarten.

Seit kurzer Zeit hängen in nordrhein-westfälischen Großstädten billig gestaltete Werbeplakate für die Justiz mit dem Slogan *»Dem Recht verpflichtet sein statt nur dem Chef. Versuchen Sie das mal in einem anderen Beruf.«* Mit anderen Worten bedeutet das: Wenn Sie *nicht* bei der Justiz arbeiten, halten Sie sich nicht an das Gesetz, sondern an das, was Ihnen Ihr Chef sagt. Ein sehr interessantes Menschenbild, das den Erstellern dieses Werbetextes vorschwebt. Wie sieht es mit Ihnen aus? Verhalten Sie sich auch regelmäßig gesetzeswidrig in Ihrem Beruf, wenn Ihr Chef das von Ihnen verlangt? Als Lehrer. Als Schreiner. Als Bäcker. Als Polizist. Wenn ja, dann geben Sie sich einen Ruck und kommen Sie in die Justiz. Denn nur bei der Justiz können Sie ein gesetzestreues Leben führen. Noch ist es für Sie nicht zu spät! Retten Sie Ihre Seele!

Sogar mit einer groß angelegten Werbefilmkampagne versucht das Justizministerium Nordrhein-Westfalen, mehr Mitarbeiter zu gewinnen. Mittlerweile gibt es sogar ein Making-of zu der Produktion dieser Werbespots. Für den Teil der Bevölkerung, dem der Audiokommentar des Regisseurs in Suaheli für die Extended Version der *Herr-der-Ringe*-Trilogie noch nicht hart genug ist. Sollten Sie also einmal ganz viel Zeit und Langeweile haben und einen guten Grund für einen Selbstmord suchen, schauen Sie auf der Internetseite des Justizministeriums Nordrhein-Westfalen vorbei.

Vor drei Jahren, als die Kampagne zur Imageverbesserung des Richterberufs bereits angelaufen war, kam es zu einer besonders – wenn auch unfreiwillig – komischen Situation, als die Tinte auf einem Werbeplakat noch nicht getrocknet war, der auf dem Plakat abgebildete Proberichter jedoch von der Justiz offensichtlich schon genug hatte und den Richterdienst bereits wieder quittiert hatte. Es erinnert ein wenig an den Lungenkrebstod des Marlboro-Mannes Wayne McLaren.

Mit welchen weiteren geistreichen Einfällen das nordrhein-westfälische Justizministerium zukünftig mehr Bewerber gewinnen will, bleibt abzuwarten. Vielleicht erleichtert man demnächst die Prüfungen (oder hebt wenigstens die Benotungen heimlich an), um auf diese Weise mehr Absolventen den Zugang zum Richteramt zu ermöglichen. Oder man verzichtet gleich ganz auf den erfolgreichen Abschluss der zweiten juristischen Staatsprüfung. Eine Teilnehmerurkunde mit dem Aufdruck »Vielen Dank fürs Mitmachen« reicht doch auch. Schließlich genügt die Examensnote »ausreichend« auch, um Justizminister zu werden, sogar Bundesjustizminister.

Der Mangel an geeigneten Bewerbern für den Richterdienst ist nicht ohne Folgen für den Bürger. Stellen Sie sich vor, Sie führen ein Scheidungsverfahren und kämpfen um das Sorgerecht für Ihre Kinder. Wollen Sie, dass über die Zukunft Ihrer Kinder ein Richter entscheidet, der so gerade eben noch das Staatsexamen bestanden hat?

Natürlich: Ein gutes Staatsexamen ist keine Garantie für ein richtiges Urteil. Aber ein schlechtes Examen erhöht das Risiko eines Fehlurteils erheblich!

Berufswechsler? Fehlanzeige

Häufig und in sehr vielen Fällen zu Recht wird die mangelnde Lebenserfahrung junger Richter kritisiert. Ich stimme zu: Es wäre großartig, wenn mehr Richter mit größerer Lebenserfahrung eingestellt würden. In Deutschland ergreifen die meisten Kollegen den Richterberuf unmittelbar nach dem Referendariat. Viele sind erst 26 Jahre alt, einige sogar noch jünger. Selbst die wenigen Kollegen, die zuvor als Rechtsanwälte oder wissenschaftliche Mitarbeiter in Rechtsanwaltskanzleien tätig gewesen sind, waren dies durchschnittlich nicht länger als etwa zwei Jahre. In anderen Ländern ist eine langjährige Tätigkeit als Rechtsanwalt Voraussetzung für die Verleihung des Richteramtes, zum Beispiel in England. Auch in den Niederlanden muss ein Bewerber sieben Jahre juristische Berufserfahrung nachweisen.

In Deutschland stellen Bewerber mit entsprechender Berufserfahrung eine Ausnahme dar. Der Grund dafür ist die unzureichende Besoldung der Richter (dazu mehr in Kapitel 4, »Let's talk about money!«). Eine langjährige Tätigkeit als Rechtsanwalt führt aufgrund der guten Einkommensverhältnisse dazu, dass der Rechtsanwalt seinen Lebensstandard über einen längeren Zeitraum entsprechend anhebt. Großes Haus, schönes Auto, tolle Reisen. Insoweit ist zu bedenken, dass aufgrund der guten Examina, die für die Verleihung des Richteramts (jedenfalls

noch) erforderlich sind, die hierfür infrage kommenden Rechts-
anwälte regelmäßig in erfolgreichen Anwaltskanzleien tätig sind.
Der durchschnittliche (und wohlverdiente) Lebensstandard des
Rechtsanwalts einer Großkanzlei lässt sich mit dem deutschen
Richtergehalt nicht mal ansatzweise finanzieren. Der Richter-
beruf ist daher für jene Rechtsanwälte ganz und gar unattraktiv.

Richter »Next Generation«

Der deutsche Arbeitsmarkt erlebt gegenwärtig die gewal-
tigste Veränderung seit dem Zweiten Weltkrieg. Deutschland
schrumpft und altert. Infolge des riesigen Flüchtlingszustroms
wächst der Anteil der Bevölkerung mit Migrationshintergrund.
Allmählich verabschiedet sich die Baby-Boomer-Generation in
die Rente. Die Generation X (geboren in den Jahren 1965 bis
1980) ist bereits fest im Berufsleben verankert. Gegenwärtig
kommt die Generation Y (das sind die Jahrgänge 1980 bis 2000)
von der Uni auf den Arbeitsmarkt, auch auf den juristischen.

Die Generation Y ist – das meine ich völlig wertfrei – dadurch gekennzeichnet, dass sie im materiellen Überfluss auf-
gewachsen ist. Sie misst Eigentum und Besitz einen geringeren
Wert bei als noch die Jahrgänge bis 1980. Für diese Generation hat sich das Verständnis eines *Ausgleichs* von Freizeit und
Beruf (die Work-Life-Balance) weiterentwickelt zu einer *Vermischung* von Freizeit und Beruf (Work-Life-Blending[12]). Sie hat
kein Interesse an einem Beruf, in dem sie acht Stunden täglich
im Büro verbringen muss. Sie sucht einen Job, bei dem sie mit
dem Laptop zu Hause, im Park, am See oder wo auch immer
arbeiten kann. Es kommt nicht darauf an, ob den Justizministerien dieser Gedanke gefällt. Es ist nun einmal Realität. Der Ein-

wand, es gebe auch deshalb weniger Bewerber, weil es weniger Studenten der Rechtswissenschaften gibt, ist ebenso zutreffend wie nutzlos. Der Grund, weshalb sich weniger Studenten für das Studium der Rechtswissenschaften entscheiden, ist nämlich mit den geschilderten Interessen der Generation Y identisch. Klassische Berufe, die einen juristischen Studienabschluss erfordern, sind (allen voran) Rechtsanwalt, Richter und Staatsanwalt. Typische »Bürojobs«, gekennzeichnet durch lange Arbeitszeiten am Schreibtisch. So will die Generation Y nicht arbeiten und leben.

Kürzlich hörte ich, die Justizministerien würden diesem Problem mit der Einführung der elektronischen Akte begegnen. Damit sollen Richter künftig von zu Hause aus Verfahren bearbeiten können. Bis die elektronische Akte flüssig funktionieren wird, also der Richter jedes Verfahren jederzeit an jedem Ort bearbeiten kann, vergehen jedoch mindestens noch zehn Jahre. Und wie häufig es danach zu einem Totalausfall, etwa aufgrund eines Hackerangriffs, kommt, vermag ich nicht abzuschätzen. Ich kann mir schon jetzt lebhaft vorstellen, wie ich dem Angeklagten erkläre: »Ich kann Sie heute leider nicht freisprechen: Wir haben Probleme mit dem Server.«

In zehn Jahren steht die Generation Y bereits nicht mehr zur Verfügung. Auf Berufswechsler aus dieser Generation darf die Justiz nicht hoffen. Die dann auf den juristischen Arbeitsmarkt strömende (oder besser gesagt: tropfende) Generation Z hat nicht nur ähnliche Ansprüche an einen potenziellen Arbeitgeber wie die Generation Y. Die demografische Entwicklung spielt ihr bei der Durchsetzung ihrer Forderungen auch noch in die Hände. Die großen und mittelständischen Kanzleien werden um juristisch gut qualifizierte Bewerber kämpfen, und sie werden den Arbeitgeber Justiz mit Leichtigkeit besiegen.

Die folgende Tabelle vermittelt sehr anschaulich den Rückgang der Volljuristen in Nordrhein-Westfalen, dem Bundesland, das traditionsgemäß die meisten Juristen ausbildet.[13]

Jahr	Kandidaten im zweiten Staatsexamen	Abschluss vollbefriedigend oder besser
2009	3090	523
2010	3000	572
2011	2501	509
2012	2413	486
2013	2253	444
2014	2229	446
2015	2183	404
2016	2151	371

Deutschland sucht den Superrichter

Daniel hat es geschafft: Er gehört zu den besten Juristen Deutschlands. Vor zwei Tagen hat er das zweite Staatsexamen mit der Note »gut« bestanden, was ihm zuvor bereits auch bei der ersten juristischen Staatsprüfung gelungen ist. Solche »Doppel-gut-Juristen« sind äußerst selten, bundesweit gelingt ein Doppel-gut-Examen nur etwa 3 Prozent aller Examenskandidaten. Die Großkanzleien hätten für Daniel den roten Teppich ausgerollt. Doch Daniel wollte immer in den Staatsdienst. Und so bewarb er sich gleichzeitig bei dem Oberlandesgericht um eine Richterstelle und bei der Generalstaatsanwaltschaft um eine Stelle als Staatsanwalt. Zunächst erhielt er eine Einladung zu einem Bewerbungsgespräch bei der Generalstaatsanwaltschaft, kurz darauf auch eine Einladung zu einem

Bewerbungsgespräch beim Oberlandesgericht. Zwischen den Terminen der beiden Bewerbungsgespräche lagen rund zwei Wochen, das Gespräch bei der Generalstaatsanwaltschaft sollte zuerst stattfinden. Soweit, so gut. Sollte man meinen.

Zwei Tage nach Erhalt der Einladung des Oberlandesgerichts erhielt Daniel einen Anruf seitens des Oberlandesgerichts: »Die Generalstaatsanwaltschaft hat Ihre Personalakte für ein Bewerbungsgespräch angefordert. Haben Sie sich da etwa auch beworben? Das geht nicht, Sie müssen sich schon entscheiden. Es ist nicht möglich, die Personalakte in der kurzen Zeit zwischen den Bewerbungsgesprächen hin und zurück zu senden!« Daniel war verwirrt.

In der »kurzen Zeit« von zwei Wochen (!) ist es also nicht möglich, eine Personalakte vom Oberlandesgericht zur Generalstaatsanwaltschaft »hin und zurück« zu schicken? Hatte sich Daniel versehentlich auf zwei verschiedenen Kontinenten beworben? Nein, das Oberlandesgericht und die Generalstaatsanwaltschaft liegen auf demselben Kontinent, in demselben Bundesland, ja sogar in derselben Stadt. Nur etwa vier Kilometer voneinander entfernt. Ein kleiner Spaziergang für einen Menschen, eine unüberbrückbare Entfernung für ein Oberlandesgericht. »Sie müssen sich jetzt entscheiden! Wollen Sie das Bewerbungsgespräch bei der Generalstaatsanwaltschaft oder beim Oberlandesgericht?«, fuhr der Mitarbeiter des Oberlandesgerichts unfreundlich fort. Daniel antwortete: »Kann ich bitte eine Nacht drüber schlafen?« – »Nein!«, herrschte der Mitarbeiter Daniel an, »so viel Zeit habe ich nicht! Entscheiden Sie jetzt, was Sie wollen!« Nach diesem freundlichen Gespräch mit dem Oberlandesgericht zog Daniel seine Bewerbung auf eine Richterstelle zurück.

Die Justiz sollte sich mittlerweile über jeden Bewerber freuen, der wenigstens die (nunmehr noch) erforderlichen Examensnoten aufweist. Allerdings versteht sie es, ihre Freude geschickt zu verbergen. Auch das unterscheidet die Justiz als Arbeitgeber von einer Großkanzlei. Schon im Bewerbungsgespräch macht der Personalchef der Anwaltskanzlei dem Bewerber deutlich: »Wir wollen Sie!« Hingegen vermitteln die Bewerbungsgespräche der Justiz den Bewerbern allzu häufig: »Warum sollten wir ausgerechnet Sie nehmen?«

Die Auswahlverfahren der einzelnen Bundesländer bei der Richtereinstellung sind ohnehin zweifelhafter Natur. Einige Länder setzen auf klassische Vorstellungsgespräche (z. B. Hessen und Schleswig-Holstein), andere auf von einer Kommission geführte Interviews (z. B. Berlin, Saarland und Mecklenburg-Vorpommern), wieder andere auf sogenannte Assessment-Center, eine Art Castingshow vom Format »Deutschland sucht den Superrichter« (Nordrhein-Westfalen). In Nordrhein-Westfalen, dem Bundesland, in dem mehr als ein Viertel aller »ordentlichen« Richter Deutschlands tätig sind, sieht ein solches Richter-Casting so aus:

Zunächst prüfen in einer Art Interview mehrere Richter der Gerichtsverwaltung (regelmäßig der Präsident oder Vizepräsident des jeweiligen Oberlandesgerichts, ein Präsident eines Amts- oder Landgerichts, ein Vertreter des Bezirksrichterrats und die Gleichstellungsbeauftragte) den Bewerber einzeln auf seine Eignung für das Richteramt. Einige Prüfer beschränken sich darauf, verschiedene Alltagssituationen zu erläutern und den Bewerber nach einer angemessenen Reaktion zu fragen. Hierbei fällt bereits auf, dass die Prüfer nicht mehr viel mit dem Alltag eines Richters zu tun haben: Häufig schildern sie Fälle, die ihren Verwaltungsbereich betreffen.

Eine Zeit lang wurde zum Beispiel die Frage gestellt: »Wie gehen Sie mit einem Wachtmeister um, der Alkoholiker ist?« Die zutreffendste Antwort wäre: »Nicht mein Zirkus, nicht meine Affen. Die Verwaltung des nichtrichterlichen Personals ist Aufgabe des Geschäftsleiters, nicht meine.« Wahrscheinlich würde jedoch ein Kandidat, der diese Antwort geben würde, in hohem Bogen rausfliegen. Leider stellen manche Prüfer auch Fragen sehr privater Natur. Manchmal zu sehr inspiriert vom Stil eines Dieter Bohlen, weshalb sich bereits viele Bewerber in diesen spaßeshalber auch »Grill-Interviews« genannten Gesprächen äußerst unwohl fühlen.

In der anschließenden Gruppendiskussion erörtern sämtliche Bewerber derselben Auswahlrunde (zwischen fünf und acht Kandidaten) unter Aufsicht der Prüfungskommission ein juristisches oder justizpolitisches Thema. Hierdurch soll vermutlich festgestellt werden, ob die zukünftigen Richter in der Lage sind, eine Diskussion ohne gegenseitige Beschimpfungen oder die Anwendung körperlicher Gewalt zu führen. Sicher bin ich mir aber nicht.

Schließlich erfolgt in einigen Assessment-Centern auch eine praktische Arbeitsprobe. Hierbei wird den Kandidaten ein Stapel Gerichtsakten zur Bearbeitung vorgelegt. Die Bewerber sollen dann entscheiden, wie mit der jeweiligen Akte weiter zu verfahren ist. Wenn man mir diese Aufgabe gestellt hätte, wäre ich wahrscheinlich durchgefallen. Denn während meines Referendariats habe ich nicht gelernt, wie ein richterliches Dezernat bearbeitet wird, sondern erst als Richter von meinem ersten Vorsitzenden. So ergeht es den meisten Referendaren. Daher taugt diese »Arbeitsprobe« zur Richtereignungsprüfung auch nicht mehr als etwa die Aufgabe, den Weg zur Gerichtskantine mit Buntstiften aufzumalen.

Es ist fraglich, ob bei diesen Auswahlverfahren tatsächlich festgestellt werden kann, ob ein Kandidat als Richter taugt oder nicht. Auf die Ausarbeitung eines qualifizierten Eignungstests zur

Feststellung, ob ein Kandidat über Verantwortungsbewusstsein und Entscheidungsstärke verfügt, verzichtet die Justiz. Ebenso auf die Hinzuziehung eines geschulten Psychologen – oder eines erfahrenen Richters. Wieso sollten gerade die – in der Regel der Gerichtsverwaltung angehörenden – Kommissionsmitglieder die richterlichen Fähigkeiten eines Kandidaten beurteilen können? Wie es eine ständige Prüferin eines Assessment-Centers einmal erfrischend ehrlich formulierte: »Wir sind doch keine Psychologen! Wir können den Bewerbern doch auch nur vor den Kopf gucken!«

Richter, was kannst du eigentlich?

Angesichts der oberflächlichen Auswahl bleibt zu hoffen, dass wenigstens die Ausbildung eines Richters mehr Tiefgang hat. Leider ist die Hoffnung unbegründet. Weder im Studium noch im anschließenden Referendariat werden Juristen auf den Richterberuf ausreichend vorbereitet. Auch nach ihrer Einstellung in den Richterdienst erfolgt seitens des Staates keine angemessene Ausbildung. Ob der Nachwuchsrichter etwas von seinen dienstälteren Kollegen lernt, ist reine Glückssache.

Studium der Rechtswissenschaften – nicht praxistauglich

Das Studium der Rechtswissenschaften bereitet weder auf den Beruf des Richters noch auf den des Rechtsanwalts oder des Staatsanwalts vor. Das Jurastudium ist zu theoretisch und immer noch überfrachtet mit angestaubten Vorlesungen, die zwar für Historiker von Interesse sein können, allerdings kaum eine praktische Bedeutung haben. Darunter fallen Vorlesungen wie

»Römische Rechtsgeschichte«, »Digestenexegese«, »Kirchen- und Staatskirchenrecht« usw. Das Studium der Rechtswissenschaften verzichtet deutschlandweit fast vollkommen auf eine praktische Ausbildung. Aufbau und Abfassung von Anwaltsschriftsätzen, Klagen, Anklagen und Urteilen, kurz gesagt alles, was im Berufsleben benötigt wird, vermittelt das Studium nicht.

Während der mindestens vierjährigen Studienzeit muss nur ein dreimonatiger praktischer Abschnitt absolviert werden. In der Regel verbringt der Student sechs Wochen in einer Anwaltskanzlei und sechs Wochen in einer Verwaltungsbehörde. Das ist alles. Diese Kurzbesuche reichen höchstens aus, um in den entsprechenden Beruf »hineinzuschnuppern«.

Vor einigen Jahren erfolgte eine Reform der ersten juristischen Staatsprüfung. Sie enttäuschte jedoch alle, die sich einen Schritt in Richtung Praxistauglichkeit erhofft hatten. Während früher eine rein staatliche Prüfung stattfand, setzt sich die Examensnote nun aus einem universitären und einem staatlichen Teil zusammen. Allerdings ist der universitäre Teil für jeden Arbeitgeber – vielleicht mit Ausnahme der Universitäten – nicht von Relevanz. Allein maßgeblich ist das Abschneiden in der staatlichen Prüfung. Das haben mir zahlreiche Rechtsanwälte bestätigt. Und es hat auch einen guten Grund. Dem universitären Teil mangelt es im Verhältnis zum staatlichen an Objektivität. Während die staatliche Prüfung für alle Kandidaten die gleichen Anforderungen stellt, weichen die Prüfungen der einzelnen Universitäten stark in Aufgabe und Umfang voneinander ab. Hinzu kommt, dass im Rahmen der staatlichen Prüfung eine Verbindung zwischen Prüfling und Prüfer nicht besteht, während dies bei dem universitären Abschnitt ganz anders sein kann. Einige Stimmen behaupten daher, die Note des universitären Teils des juristischen Staatsexamens werde den Kandidaten geradezu »nachgeschmissen«. Die stark voneinander abweichenden Ergebnisse der staatlichen und der universitären Prüfungen bestätigen diese Behauptung tatsächlich: Während im Jahr 2017 in dem universitären Teil der Prüfung 59 Prozent der insgesamt geprüften Kandidaten die Note »vollbefriedigend« oder besser erzielten, waren es im staatlichen Teil der Prüfung gerade einmal 16,8 Prozent.

Die Universität scheidet als Vorbereitung auf das Berufsleben – gleichgültig ob als Richter, Staatsanwalt oder Rechtsanwalt – also aus.

Referendariat – es wird nicht besser

Und derart unvorbereitet von der Universität für ihren Beruf werden Juristen auf die Menschheit losgelassen? Nein. Jedenfalls nicht ganz. Zwischen dem Studium der Rechtswissenschaften und einer Tätigkeit als Richter, Staatsanwalt oder Rechtsanwalt liegt ein zweijähriger juristischer Vorbereitungsdienst, das Referendariat. Doch leider trägt auch dieser Vorbereitungsdienst kaum zur Richterausbildung bei. Er ist nicht mehr als ein besserer »Schnupperkurs«. Aber der Reihe nach:

Der zweijährige Vorbereitungsdienst ist in fünf Stationen gegliedert: die Zivilstation, die Staatsanwaltschaftsstation, die Verwaltungsstation, die Anwaltsstation und die Wahlstation.[14] Der Begriff »Station« ist zutreffend gewählt, denn mehr als ein knapper Aufenthalt wie bei einer Bahnfahrt findet jeweils nicht statt. In den meisten Bundesländern erfolgt während der ersten Station, der Zivilstation, eine Ausbildung des Referendars bei einem Zivilrichter eines Amts- oder eines Landgerichts. In Nordrhein-Westfalen beträgt dieser Ausbildungsabschnitt fünf Monate (in Hamburg sogar nur drei Monate). Jedenfalls auf dem Papier.

Tatsächlich ist die Ausbildungszeit bei dem Zivilrichter auf vier Monate verkürzt. Denn die Referendare besuchen im ersten der fünf Monate einen wochenfüllenden Einführungskurs. Erst im Anschluss beginnt die praktische Ausbildung bei dem Richter. Während der folgenden vier Monate besucht der Referendar einige Sitzungen des Richters und erhält kleine ausgesuchte Fälle zur Bearbeitung. In dieser Zeit muss er sechs Pflichtarbeiten vorlegen, die der ausbildende Richter prüft, bewertet und (hoffentlich) mit dem Referendar bespricht. Durchschnittlich ist er jedoch in jeder Woche lediglich an einem Tag nur wenige Stunden bei seinem Ausbilder. Aktenbearbeitung, Sitzungsvorbereitung oder Verhandlungsleitung, kurz 99 Prozent der Arbeit eines Richters werden in dieser knappen Zeit entweder gar nicht oder völlig unzureichend vermittelt. Dafür ist der Ausbildungsabschnitt zu kurz. Darüber hinaus ist das Engagement der Richter für die Referendarausbildung sehr unterschiedlich. In den meisten Fällen macht der ausbildende Richter nicht einmal von der Möglichkeit Gebrauch, einem Referendar die Durchführung einer Beweisaufnahme zu übertragen – geschweige denn die Verhandlungsleitung. Hinzu kommt, dass Referendare häufig Proberichter als Ausbilder erhalten, die selbst erst wenige Monate Berufserfahrung haben und kaum geübter als der Referendar sind.

Im Anschluss an die Zivilstation erfolgt eine Ausbildung bei der Staatsanwaltschaft. Diese beträgt in den meisten Bundesländern drei oder dreieinhalb Monate. Nur im Ausnahmefall wird der Referendar in dieser Zeit von einem Strafrichter ausgebildet, in der Regel nur dann, wenn zu wenige Staatsanwälte als Ausbilder zur Verfügung stehen. Es folgt die Verwaltungsstation, die der Referendar regelmäßig bei einer Verwaltungsbehörde – etwa einer Polizeidienststelle oder einer Stadtverwaltung – und aufgrund der eingeschränkten Kapazitäten nur selten bei einem Verwaltungsgericht absolviert. Den Abschluss bildet die Anwaltsstation mit dem längsten Zeitraum von neun Monaten, die der Referendar in der Ausbildung eines Rechtsanwalts verbringt. Mit diesem verhältnismäßig langen Ausbildungsabschnitt soll dem Umstand Rechnung getragen werden, dass die meisten Referendare später in den Anwaltsberuf eintreten.

Nach Beendigung der Anwaltsstation erfolgen die schriftlichen Examensprüfungen. Die Wartezeit auf die mündliche Prüfung wird in einer Wahlstation von drei Monaten überbrückt, in welcher ein Referendar seine Ausbildungsstelle tatsächlich frei wählen kann. Häufig wird dieser Ausbildungsabschnitt für einen Auslandsaufenthalt (Botschaft, ausländische Anwaltskanzlei oder Ähnliches) genutzt. Referendare, die nach der anfänglichen kurzen Zivilstation nochmals von einem Richter ausgebildet werden, sind die Ausnahme. Im Regelfall vergehen daher zwei Jahre, bis sich der Referendar nach dem »Schnupperkurs Zivilrichter« selbst im Richterberuf wiederfindet.

Das Jura-Studium ist also, wie dargelegt, nicht praxistauglich und das Referendariat lediglich ein Schnupperkurs. Na gut, dann muss der Richter eben nach seiner Einstellung in den Richterdienst verantwortungsvoll ausgebildet werden! Ja, das müsste er unbedingt. Tatsächlich wird er es leider nicht …

Ohne Waffen in den Kampf

Jens wurde im Jahr 2007 als Richter eingestellt. Im Alter von 26 Jahren begann er seine Arbeit in einer Zivilkammer am Landgericht einer nordrhein-westfälischen Großstadt. Bereits eine Woche später hatte er allein einen Baurechtsstreit mit fünf Aktenbänden von über 1000 Seiten zu entscheiden. 1000 Seiten zuzüglich Bauskizzen, Kaufverträgen, Grundbuchauszügen! Gestritten wurde um mehr als 15 Millionen Euro. Auf beiden Seiten standen sich namhafte und erfahrene Fachanwälte für Baurecht gegenüber mit einer Berufserfahrung von insgesamt mehr als einem halben Jahrhundert.

Richter werden nach ihrer Einstellung nicht ausreichend ausgebildet. Es fehlt vor allem die Vermittlung praktischer Fähigkeiten. Wie leite ich eine Hauptverhandlung mit 20 Zeugen und sechs Rechtsanwälten? Wie bereite ich eine Verhandlung vor, wenn die Akte zehn Jahre alt ist und mehr als 1000 Seiten dick? Wie bereits dargelegt, lernt ein Richter so etwas weder als Student noch als Referendar. Wenn der junge Richter sehr viel Glück hat, wird er einer Zivilkammer zugeteilt, in der sich ein erfahrener Vorsitzender seiner weiteren Ausbildung annimmt. Ich hatte dieses große Glück und bin meinem ersten Vorsitzenden hierfür sehr dankbar. Von ihm habe ich in acht Monaten mehr gelernt als in vier Jahren Studium und zwei Jahren Referendariat. Ich fand ein Vorbild, das ich beobachten, analysieren und nachahmen konnte, vor allem in der Art der Verhandlungsführung. Auch die damalige stellvertretende Vorsitzende meiner Kammer konnte ich stets um Rat und Hilfe bitten. Leider ist eine solche Chance nur den wenigsten Nachwuchsrichtern gegeben.

Viele Vorsitzende sind sich ihrer Verantwortung als Ausbilder kaum bewusst. Sie lassen ihre jungen Kollegen im Regen stehen. Den Richternachwuchs betrachten sie als Belastung und suchen Wege, um sich möglichst wenig um ihn kümmern zu müssen. Sehr beliebt ist es, dem jungen Kollegen viele Verfahren als Einzelrichter zu übertragen, sodass er diese nicht mit der

Kammer, sondern allein bearbeitet und entscheidet. Das widerspricht nicht nur dem gesunden Menschenverstand, sondern auch dem Sinn des Gesetzes. Gemäß § 348 Abs. 1 Satz 2 der Zivilprozessordnung darf die Zivilkammer nicht durch einen Einzelrichter entscheiden, wenn das Kammermitglied »*Richter auf Probe ist und noch nicht über einen Zeitraum von einem Jahr (…) Rechtsprechungsaufgaben in bürgerlichen Rechtsstreitigkeiten wahrzunehmen hatte*«. Ein Nachwuchsrichter muss mindestens ein Jahr bürgerliche Rechtsstreitigkeiten (also Zivilverfahren) bearbeitet haben, bevor er eine Sache allein entscheiden darf. Jedenfalls nach dem Gesetz. Doch viele Vorsitzende interessiert dies ebenso wenig wie die schwierige Situation eines jungen Kollegen. Sie missbrauchen die oben genannte Vorschrift der Zivilprozessordnung und übertragen das Verfahren durch Beschluss auf den unerfahrenen Richternachwuchs. Was nach dem Gesetz die Ausnahme sein sollte, wird zur Regel.

Einige Vorsitzende machen von dieser Möglichkeit wenigstens erst dann Gebrauch, wenn die Sache bereits bei einer Gelegenheit vor der Kammer verhandelt worden ist. Dann hat der junge Richter den Fall immerhin einmal mit erfahrenen Kollegen beraten. Jedoch ist nicht jeder Fall nach der ersten Verhandlung auch entscheidungsreif. Häufig sind Hinweise zu erteilen, die Parteien reichen weitere Schriftsätze ein, und es kommt zu umfangreichen Beweisaufnahmen. Dabei vergeht einige Zeit. Wechselt dann der ursprüngliche junge Richter die Kammer, bevor er das Verfahren entschieden hat, bearbeitet es dessen Nachfolger weiter. Der Nachfolger eines Nachwuchsrichters ist in der Regel ein neuer Nachwuchsrichter. Dieser war jedoch an der früheren Beratung des Falls nicht beteiligt. Wenn er Glück hat, hat sein Vorgänger den Fall umfassend schriftlich ausgearbeitet.

Dann kann er sich an der Bearbeitung[15] seines Vorgängers orientieren. Dies hilft ihm jedoch wenig, wenn seit der Erstellung der Bearbeitung neue Schriftsätze der Parteien eingegangen sind oder Beweisaufnahmen erfolgten.

Das in vielen Zivilkammern herrschende System ist nicht nur unfair gegenüber jungen Kollegen. Es schadet dem Rechtsstaat. Junge Kollegen sind sich ihrer mangelnden Erfahrung bewusst. Daher ist die Versuchung groß, ein komplexes Verfahren zu »schieben«, also nicht zu entscheiden. Ein Hinweisbeschluss ist schneller geschrieben als ein Urteil. Und wenn man Glück hat, vergeht so viel Zeit, dass man das Verfahren nicht noch einmal sieht, bis man die Kammer wieder verlassen hat.[16] Angesichts des schlechten Zustands vieler Jungrichterdezernate ist dieses Vorgehen zwar allzu menschlich, nur hilft es dem Verfahren leider nicht. Und dem Rechtsschutz suchenden Bürger schon gar nicht. Die Akten werden älter und dicker. Irgendwann sind sie kaum noch zu entscheiden.

Am Landgericht Düsseldorf erkannte man vor einigen Jahren, dass einige Kammervorsitzende ihre Ausbildungspflichten vernachlässigen.[17] Ein Mentorensystem wurde ins Leben gerufen. Jeder Nachwuchsrichter erhielt einen erfahrenen Richter als Mentor, der Ansprechpartner und Helfer außerhalb der Kammer sein sollte. Ein erster – wenn auch kleiner – Schritt in die richtige Richtung, der auch in anderen Bundesländern mittlerweile angestrebt wird. Auch hier hinkt die Justiz der Privatwirtschaft hinterher. Denn die Zuweisung eines Mentors ist in den meisten Großkanzleien nicht Ausnahme, sondern Regelfall.

Richtertausch?

In einigen Bundesländern (Baden-Württemberg und Bayern) kann der Nachwuchs während der Probezeit sowohl bei der Staatsanwaltschaft als auch im Richterdienst eingesetzt werden. Auch wenn die Erfahrungen durch einen Wechsel zur Staatsanwaltschaft für den Richterberuf, vor allem den des Strafrichters, durchaus ein Gewinn sein können, darf die Richterausbildung nicht zu kurz kommen. In Bayern beginnen die Nachwuchskräfte in der Regel nicht nur bei der Staatsanwaltschaft, sondern bleiben auch während ihrer gesamten Probezeit dort. Erst nach der Berufung in das Beamtenverhältnis auf Lebenszeit können sie sich auf eine freie Richterstelle bewerben. Wie der Nachwuchs auf diese Weise den Richterberuf, insbesondere auch den des Zivilrichters, erlernen und sich in ihm beweisen können soll, ist fraglich.

»Seid ihr alle da?« – der Richterkindergarten

Gute Aus- und Weiterbildung sind dem juristischen Nachwuchs sehr wichtig. Deshalb haben viele Rechtsanwaltskanzleien ihre Angebote erweitert. Die meisten Kanzleien finanzieren ihren jungen Rechtsanwälten den Fachanwaltstitel, viele auch den Master of Laws (LL.M.).[18] Viele Kanzleien fördern nicht nur Weiterbildung, sondern fordern sie sogar von ihren Anwälten ein. Nachwuchsanwälte (sog. Associates) erhalten einen speziell für sie ausgearbeiteten Ausbildungsplan. Er umfasst nicht nur juristische Fortbildungen, sondern auch Seminare und Lehrgänge für wirtschaftswissenschaftliche Grundlagenvermittlung, Marketing und sogenannte Soft Skills wie Kommunikation,

Rhetorik, Organisation, Motivation und Verhandlungsstrategien. Von Beginn der Anwaltskarriere an stellt die Kanzlei in jedem Jahr mehrere Wochen zur Verfügung, in denen in Seminaren, Vorträgen und sogar berufsbegleitenden Studiengängen zusätzliche Kenntnisse und Fähigkeiten erworben werden.

Dagegen ist die Aus- und Weiterbildung junger Richter mit *erbärmlich* noch sehr wohlwollend beschrieben. Im ersten Jahr der Proberichterzeit besucht der Nachwuchsrichter in Nordrhein-Westfalen den sogenannten Richterkindergarten, eine Fortbildungsmaßnahme von dreimal drei Tagen in der Richter-Akademie in Recklinghausen. Das ist die gesamte Aus- und Weiterbildung des Richternachwuchses. Neun Tage in drei Jahren Probezeit!

Der Wert des »Richterkindergartens« ist aus mehreren Gründen verschwindend gering. Erstens weisen die einzelnen Ausbilder erhebliche Qualitätsunterschiede auf, von völlig unbrauchbar bis (fast) lehrreich ist alles vertreten. Zweitens wird kostbare Zeit für Vorträge verschwendet, mit denen der Richter nichts anfangen kann. In meiner Fortbildungsstaffel (vor über zehn Jahren) gab es das Thema »Justiz in Bewegung«. Zusammengefasst erklärte ein überheblicher Mitarbeiter des Justizministeriums, wie gut es uns Richtern ginge, da wir mittlerweile mit Computern ausgestattet würden. Wow, mit Computern! Im Jahr 2007! Also nur kurz nach Verlassen des finsteren Mittelalters. Drittens erhalten nur wenige junge Kollegen die Chance, sich auf die Fortbildungsveranstaltungen zu fokussieren. Vielen Kammervorsitzenden ist es herzlich gleichgültig, ob ihre Nachwuchsrichter an drei Arbeitstagen hintereinander an der Fortbildung teilnehmen müssen. Daher machen sie den jungen Kollegen mit Nachdruck deutlich, dass diese ihr wöchentliches Arbeitspensum trotz Fortbildung in gleichem Umfang zu erledigen haben. Nicht wenige

Richter schleppen darum ihre Verfahrensakten in den Richterkindergarten. Im Anschluss an die Vorträge bearbeiten sie ihre
Fälle bis in die Nacht hinein und sind am Folgetag kaum mehr
in der Lage, der Veranstaltung aufmerksam zu folgen.

Schnellkurs: Lügendetektor

Der mit Abstand größte und folgenschwerste Fehler der deutschen
Richterausbildung ist die fehlende Vermittlung der Aussagepsychologie. Dieses Ausbildungsversäumnis führt tagtäglich dazu,
dass falsche Entscheidungen getroffen werden. Und das vor allem
in dem Rechtsgebiet mit den schwersten Folgen für den Einzelnen, dem Strafrecht. Denn der strafrechtliche Prozess ist derjenige, dessen Ausgang regelmäßig auf Zeugenaussagen gestützt
wird. Hier entscheidet die Würdigung der Zeugenaussage häufig
über Schuld – oder Freispruch. Ganz anders im Zivilprozess. Die
wenigsten Zivilprozesse sind tatsächlich von einer Zeugenaussage
abhängig. Ganz regelmäßig sind Sachverständigengutachten entscheidend. Für Verkehrsunfälle (mit welcher Geschwindigkeit
fuhren die Fahrzeuge?), Mietstreitigkeiten (entstand der Schim-
mel durch falsches Lüften oder Baufehler?), Arzthaftungsfragen
(ist die Zahnprothese richtig eingesetzt worden?), Bauverfahren
(wurde die Statik ordnungsgemäß errechnet?) und die meisten
anderen bürgerlich-rechtlichen Streitigkeiten bietet das Gutach-
ten eines Sachverständigen regelmäßig Aufklärung. Im Strafrecht
jedoch steht immer noch die Zeugenaussage im Mittelpunkt.
  Die Beurteilung des Wahrheitsgehalts einer Zeugenaussage
ist die ureigene Aufgabe des Richters. Nur in wenigen landgerichtlichen Verfahren werden Sachverständige seitens des Gerichts damit beauftragt, die Glaubhaftigkeit einer Zeugenaussage

zu prüfen. In amtsgerichtlichen Verfahren ist dies die absolute Ausnahme. Das hängt insbesondere mit der unterschiedlichen Belastung von Amtsrichtern und landgerichtlichen Strafkammern zusammen. Ein Amtsrichter entscheidet in zwei Wochen so viele Verfahren wie eine Strafkammer in einem ganzen Jahr. Dementsprechend vernimmt ein Amtsrichter im Jahr etwa zwanzigmal so viele Zeugen wie eine Strafkammer. Würden Amtsrichter auch nur für einen kleinen Teil dieser Zeugenaussagen ein Glaubhaftigkeitsgutachten eines Sachverständigen einholen, dann würde das deutsche Strafrechtssystem zusammenbrechen! Daher muss sich ein Amtsrichter bei der Würdigung der Zeugenaussage auf seine eigenen Fähigkeiten und Kenntnisse verlassen können. Aus diesem Grund ist eine Aus- und Fortbildung in der Aussagepsychologie zwingend erforderlich.

Aussagepsychologie ist jedoch weder Pflichtfach des Studiums der Rechtswissenschaften noch Gegenstand des Referendariats. Der Nachwuchsrichter erhält seine gesamte Ausbildung in Aussagepsychologie innerhalb von nur knapp 20 Stunden. Vorausgesetzt, er nimmt an der Fortbildung teil. Vorausgesetzt, er kann sich auf die Fortbildung konzentrieren und muss nicht nebenbei Akten bearbeiten. Vorausgesetzt, der jeweilige Referent taugt etwas. Ziemlich viele Unsicherheiten also! Ja, die Gefahr ist groß, dass der Richter während seines gesamten Berufslebens die Glaubhaftigkeit einer Aussage nicht richtig beurteilen kann. Aber dies wird sehenden Auges hingenommen. Hierdurch sind Fehlurteile vorherbestimmt. Viele meiner Kollegen sind sich dessen bewusst und beklagen sich hierüber. Auch zahlreiche Experten auf dem Gebiet der Aussagepsychologie bemängeln die fehlende Ausbildung der Richter in dieser Hinsicht seit Jahren vergeblich.[19]

Könnten Sie nach dem Erste-Hilfe-Kurs, den Sie für Ihren Führerschein gemacht haben, im Rettungsdienst arbeiten? Natürlich könnten Sie das nicht. Bei Richtern allerdings wird angenommen, dass sie nach einer Fortbildung von wenigen Stunden Wahrheit und Lüge bei einem Zeugen erkennen können. Und nicht wenige Kollegen glauben tatsächlich, diese Fähigkeit zu beherrschen. Hier erkennt man, wie gefährlich eine Kombination von Ignoranz und Arroganz sein kann.

Ein Richter ist bei der Beurteilung einer Zeugenaussage kaum kompetenter als ein Laie. Dies gilt selbst dann, wenn er bereits seit Jahren sein Amt ausübt. Denn es fehlt ihm regelmäßig an einem unmittelbaren Feedback. Der Richter erfährt so gut wie nie, ob er bei der Beurteilung der Zeugenaussage richtig oder falsch gelegen hat.

Entscheidungsfindung für Fortgeschrittene

Apropos Richterausbildung: Sind Sie der Auffassung, ein Richter sollte lernen, wie eine Entscheidung getroffen wird? Grundkenntnisse im Bereich der Entscheidungspsychologie besitzen? Wissen, welche Umstände eine Entscheidung beeinflussen, ob eine Entscheidung bewusst oder unterbewusst getroffen wird, welche neuronalen Netzwerke des Gehirns betroffen sind? Immerhin ist es sein Beruf, Entscheidungen zu treffen. Und trotzdem kennt sich ein Richter damit in der Regel nicht aus.

Dies hat erhebliche Konsequenzen. Richter sind daher unterbewussten Beeinflussungen ebenso erlegen wie Angehörige anderer Berufe. Zum Beispiel dem sogenannten Ankereffekt. Der Ankereffekt sorgt dafür, dass Menschen von Zahlen aus ihrer gegenwärtigen Umgebung beeinflusst werden, ohne dass ihnen dieser Einfluss bewusst ist – selbst dann, wenn die Zahlen für die Entscheidung selbst eigentlich irrelevant sind. Ein Beispiel: Wird vor Gericht über die Höhe eines Schmerzensgeldes gestritten und erwähnt einer der beteiligten Anwälte immer wieder eine bestimmte Summe – und sei es der Kaufpreis für seinen neuen Sportwagen –, lässt sich der Richter von dieser Summe bei seiner Entscheidung beeinflussen, ohne dies zu bemerken. Das muss nicht bedeuten, dass er exakt dieselbe Summe als Schmerzensgeld wählt, aber sie ist bei seiner Entscheidung ein Ankerpunkt. Solchen Einflüssen sind Richter einer Studie aus dem Jahr 2006[20] zufolge ebenso sehr ausgeliefert wie Angehörige anderer Berufsgruppen. Jedoch – auch dies ergibt sich aus der Studie – sind Richter häufiger von der Richtigkeit ihrer Beurteilung überzeugt als Angehörige anderer Berufe. Auch in dieser Hinsicht ist eine Kombination von Ignoranz und Arroganz äußerst ungünstig. Je erfahrener der Richter, desto größer ist die Überschätzung seiner eigenen Fähigkeiten.

Dieses Versäumnis zieht sich wie ein roter Faden durch die gesamte Laufbahn eines Richters, vom Studium bis zur Probezeit: Grundkenntnisse der Entscheidungspsychologie sind nicht Inhalt des rechtswissenschaftlichen Studiums. Ein gutes Examen beweist nicht, dass eine Entscheidung getroffen werden kann, sondern lediglich, dass der Kandidat einen Sachverhalt juristisch vertretbar lösen kann. Bei der Auswahl eines Richters wird nicht geprüft, ob der Bewerber entscheidungsstark und auch in der Lage ist, unangenehme Entscheidungen zu treffen. Nach seiner Einstellung wird der Richter nicht ausgebildet, Entscheidungen zu treffen, vielmehr tritt er – wie noch gezeigt wird – in ein System ein, in dem aus Angst Entscheidungen häufig vermieden werden. Dies ist eine wesentliche Ursache für den Erlass eines Skandalurteils.

Kapitel 2

Die dunkle Seite der Macht – die Gerichtsverwaltung

»Aber immer schön objektiv bleiben!«, ermahnte mich ein Kollege, als ich ihm erzählte, dass ich ein Buch über die Zustände in deutschen Gerichten schreibe. Ich musste innerlich grinsen (auch äußerlich, was mein Kollege aber nicht sehen konnte, da wir telefonierten). Zum einen war seine Ermahnung schon recht eigennützig, da er zu dieser Zeit selbst in der Verwaltung eines Landgerichtes tätig war. Zum anderen ging er – obwohl ich noch gar nichts über den Inhalt des Buches gesagt hatte – davon aus, dass das Buch von Kritik an den Gerichten und ihren Verwaltungen nur so triefen würde. Das wunderte mich nicht, hatte ich doch mit jenem Kollegen (bevor er in die Gerichtsverwaltung gerufen wurde) lange und oft über die miserablen Zustände an deutschen Gerichten gesprochen – und ich weiß nicht, wessen Kritik härter ausgefallen war, meine oder seine. Aber wie schon Konrad Adenauer gesagt haben soll: »Was kümmert mich mein Geschwätz von gestern.« Mein Verhältnis zu den Kollegen der Gerichtsverwaltungen ist in der Tat nicht das beste. Ich habe

*zwar eine brillante Oberlandesgerichtspräsidentin kennenge-
lernt, die ich für ihre Kompetenz und Persönlichkeit immer be-
wunderte. Aber mir sind auch Behördenleiter von Amts- und
Landgerichten begegnet, bei denen von Kompetenz und Persönlichkeit nicht die Rede sein kann. »Thorsten, hast du mich gehört?«, mein Kollege riss mich aus meinen Gedanken, »immer
schön objektiv bleiben, ja?«*

Die Ermahnung meines Kollegen habe ich mir sehr zu Herzen
genommen und mich um äußerste Objektivität bemüht, wenn
ich im Folgenden darlege,

- warum Adolf Hitler noch heute beeinflusst, welcher
  Richter in der Justiz Karriere macht,
- warum Deutschland heute nicht mehr in die EU aufgenommen werden würde,
- wie unachtsam in der Justiz mit dem Grundgesetz um-
  gegangen wird und
- welche Gespenster und seltsamen Vögel in den Gerichten ihr Unwesen treiben.

Der Führer lässt grüßen

Für Außenstehende (aber auch für manche Justizangehörige)
sind Aufbau und personelle Besetzung der Gerichtsverwaltungen, ihre Aufgaben und Befugnisse schwer nachzuvollziehen.
Um die vielen Systemfehler der Justiz zu begreifen, ist es jedoch
unbedingt erforderlich zu verstehen, wie Gerichte verwaltet
werden. Denn die Besetzung der Gerichtsverwaltungen stellt

einen großen, vielleicht sogar den größten Fehler des deutschen Rechtsstaats dar.

In Deutschland wird einer der wichtigsten Grundpfeiler aller modernen Staaten derart ausgehöhlt, dass allein deshalb ein Zusammenbruch der dritten Staatsgewalt jederzeit droht. Gemeint ist der Grundsatz der Gewaltenteilung. Ich habe schon in der Schule gelernt: Gewaltenteilung ist die Verteilung der Staatsgewalt auf mehrere Staatsorgane zum Zweck der Machtbegrenzung. Die drei Gewalten – die Regierung (Exekutive), Gesetzgebung (Legislative) und Rechtsprechung (Judikative) – sind voneinander streng getrennt. Kommt Ihnen das auch bekannt vor? Jedoch ist diese Schulbildung nicht ganz richtig, was kaum jemandem bewusst ist:

Eine strenge Unabhängigkeit der Rechtsprechung von der Regierung besteht in Deutschland nämlich nicht. Die Verwaltung der deutschen Gerichte ist seit der Zeit des Kaiserreichs Sache der Justizministerien und damit der Regierung. Und was noch erschreckender ist: Bis heute wirken die Regelungen der dem »Führerprinzip« entsprechenden Gerichtsverfassungsverordnung (GVVO) von 1935 fort! Nach dem Gesetz über den Neuaufbau des Reichs bestimmte diese Verordnung von 1935, dass die Verwaltung der Gerichte Aufgabe des Reichsjustizministers ist. Die Justiz wurde zur Reichssache. Dort liegt der Ursprung der Über- und Unterordnung der Gerichte.[21]

Die Justizminister und damit die Regierung bestimmen die jeweiligen Behördenleiter, also Präsidenten und Vizepräsidenten der Land- und Oberlandesgerichte, aber auch Direktoren und Vizedirektoren der Amtsgerichte. Die Behördenleiter sind in ihrer Funktion als Teil der Verwaltung weisungsgebunden. Amtsgerichtsdirektoren unterstehen den Landgerichtspräsidenten,

Landgerichtspräsidenten den Oberlandesgerichtspräsidenten und diese dem Justizminister. Auf diese Weise besteht eine Autorität des Justizministers (der Regierung) nach unten und eine Verantwortlichkeit der jeweiligen Behördenleiter der Gerichte (der Rechtsprechung) nach oben. Das ist eine gefährliche und erschreckende Durchbrechung des Grundsatzes der Gewaltenteilung. Man stelle sich vor, der Präsident eines Landtags würde nicht vom Landtag, sondern von den Richtern des jeweiligen Bundeslandes bestimmt. So absurd dies für den Landtag klingt, so »normal« ist es für die deutschen Gerichte.

Bereits 1953 mahnte daher der Deutsche Juristentag, erforderlich seien *»gesetzgeberische Maßnahmen, um die Unabhängigkeit des erkennenden Richters sowohl durch die Art seiner Auswahl und Beförderung als auch durch seine Stellung gegenüber der Verwaltung institutionell zu sichern«.* Seit 1953 (oder genauer: seit 1935) änderte sich jedoch nichts, obwohl auch die von der Europäischen Union gesetzten Standards eindeutig fordern, dass die Justiz von Organen verwaltet werden soll, die unabhängig von Legislative und Exekutive sind. Der ehemalige Präsident des Landgerichts Lübeck, Hans-Ernst Böttcher, wies daher in einem Interview der *LegalTribune Online* am 2. Juli 2018 darauf hin, dass es in Niedersachsen, Nordrhein-Westfalen und Schleswig-Holstein neu gefasste Justizgesetze gebe, in denen sich das wiederfinde, was auch in der Gerichtsverfassungsverordnung von 1935 schon enthalten gewesen sei. Er gab weiter zu bedenken, dass Deutschland gegen die von der Europäischen Union festgelegten Standards verstoße und aus diesem Grund heute nicht mehr in die EU aufgenommen werden würde.[22]

Es ist bemerkenswert, dass gerade das auf dem Führerprinzip des Nationalsozialismus beruhende System bisher nicht abgeschafft worden ist. Denn ein vollkommen berechtigter Vorwurf an die deutsche Richterschaft ist ihr Verhalten (oder besser: Versagen) während der Naziherrschaft. Nach der Notverordnung von 1933 und selbst nach der Ernennung Adolf Hitlers zum Obersten Gerichtsherrn im Reichstagsbeschluss vom 26. April 1942 gab es nur wenige Richter, die sich weigerten, das System zu unterstützen, und den Dienst quittierten. Die meisten Richter wirkten an der Systemerhaltung mit, obwohl sie bereits frühzeitig und eindeutig erkannt hatten, dass es kein wirkliches Recht in jenem System gab.

»So etwas wird sich nie wiederholen!« Das ist jedenfalls die (offizielle) Einschätzung vieler Kollegen. Und sie haben sogar recht. Geschichte wiederholt sich nicht. Es ist äußerst unwahrscheinlich, dass Nationalsozialisten erneut die Macht in Deutschland ergreifen bzw. von der Mehrheit der Bevölkerung gewählt werden. Leider weniger unwahrscheinlich ist, dass eine Regierung sich nicht an bestehende Gesetze hält und die deutsche Richterschaft sich erneut missbrauchen lässt. Das ist heute ebenso leicht möglich wie vor 86 Jahren. Denn Deutschlands dritte Staatsgewalt ist heute genauso anfällig für einen Missbrauch wie damals.

Stellen Sie sich vor, Sie wären ein herrschsüchtiger Regierungschef und würden von Gewaltenteilung so überhaupt nichts halten. Eine unabhängige Rechtsprechung könnten Sie nicht gebrauchen, denn ein unabhängiger Richter könnte eine Entscheidung treffen, mit der Sie nicht einverstanden sind. Wann hätten Sie besseren Einfluss auf eine so große Gruppe wie die deutsche Richterschaft mit mehr als 20 000 Richtern? Wenn Sie die jeweiligen Leiter der Gerichte, also Präsidenten und Vizepräsidenten, Direktoren und Vizedirektoren, selbst aussuchen? Oder wenn diese Behördenleiter durch eine von Ihrer Regierung gänzlich unabhängige Institution bestimmt werden?

Vollkommen zu Recht werden viele Gesetze kritisch beäugt, die während der Nazizeit erlassen wurden. Der ehemalige Justizminister Heiko Maas beabsichtigte sogar, die Tötungsdelikte zu reformieren und den Nazi-Jargon aus dem Strafgesetzbuch zu streichen. Aber gerade eine von den Nazis bewusst geschaffene und auf dem Führerprinzip aufbauende Regelung, welche die dritte Staatsgewalt zugunsten der anderen Staatsgewalten massiv schwächt, wird seit über 80 Jahren bedenkenlos hingenommen! Ich möchte dem ehemaligen Justizminister Maas an dieser Stelle keine Sachkenntnis unterstellen. Es ist nicht anzunehmen, dass er sich dieses Umstands bewusst gewesen ist.

Die für die Auswahl und Beförderung der Richter zuständige Behörde muss von der Regierung vollkommen unabhängig sein. Dies ist der Fall in Spanien, Italien, Frankreich, Norwegen, Dänemark und den Niederlanden. In den meisten Ländern Europas mit Ausnahme von Österreich, der Tschechischen Republik und der Bundesrepublik Deutschland. Doch gibt es nicht in einigen Bundesländern Richterwahlausschüsse? Ja, die gibt es nicht in allen, sondern nur in neun Bundesländern. Und die Zuständigkeiten dieser Richterwahlausschüsse sind sehr eingeschränkt – teilweise treten sie nur im Konfliktfall in Funktion. In Baden-Württemberg wird der Richterwahlausschuss zum Beispiel nur tätig, wenn die vom Justizministerium vorgeschlagene Ernennung oder Beförderung ausnahmsweise vom Präsidialrat abgelehnt werden sollte. Und auch dann entscheidet nicht etwa der Richterwahlausschuss, welcher Richter ernannt oder befördert wird, sondern er hat nur ein abweichendes Vorschlagsrecht.

Die Folgen dieses dem Grundsatz der Gewaltenteilung widersprechenden Systems sind ebenso weitreichend wie gefährlich. Es liegt auf der Hand, dass sich eine Staatsgewalt, der bereits die Personalhoheit fehlt, die also weder aussuchen darf, wer als Richter eingestellt, noch, welcher Richter befördert wird, kaum gegen zwei andere Staatsgewalten behaupten kann.

Darüber hinaus provoziert ein solches System eine sehr interessante Art der Vergabe von Beförderungsämtern …

Kölscher Klüngel

Wat is de Kölsche Klüngel?[23] Der Kölner Klüngel ist im Volksmund ein verdecktes System auf Gegenseitigkeit beruhender Gefälligkeiten. Also das alte Prinzip »eine Hand wäscht die andere«. In Bayern nennt man es mitunter bayrischen Filz oder auch »Spezlwirtschaft«, in Österreich »Freundlwirtschaft«, der Fachausdruck lautet: Nepotismus. Wie auch immer man es nennt: Es geht um die Vermischung gesellschaftlicher, privater und politischer Interessen, undurchsichtig und verdeckt und daher kaum kontrollierbar. Daher kann der Klüngel die Grenze zur Korruption leicht überschreiten. Auch in der Justiz ist der Klüngel nicht unbekannt. Doch während der Kölner zu seinem Klüngel steht, ihn mit einigem Lokalstolz auch ganz offen so nennt, ist dies in der Justiz anders. Dort spricht man von »Personalplanung und Personalentwicklung« – wie ich einmal belehrt wurde.

Die Presse benutzt noch einen anderen Begriff, nämlich »Postengeschacher«. So zum Beispiel bei einem Bericht über die Besetzung der Präsidentenstelle des Landessozialgerichts in Essen im Frühjahr 2018. Das Justizministerium Nordrhein-

Westfalen beabsichtigte, die frei gewordene Stelle mit einem Ministerialdirigenten zu besetzen, der noch nie an einem Sozialgericht gearbeitet hatte. Für das Justizministerium spielte eine entsprechende Erfahrung als Richter in der Sozialgerichtsbarkeit anscheinend keine Rolle. Bereits der vorherige Präsident des Landessozialgerichts verfügte über keinerlei Erfahrung als Sozialrichter, kam dafür aber (natürlich rein zufällig) aus dem Justizministerium. Erst das Verwaltungsgericht Gelsenkirchen untersagte am 29. April 2018 dem Justizministerium (vorläufig), die Stelle des Präsidenten des Landessozialgerichts (erneut) mit einem Kandidaten zu besetzen, der noch nie als Sozialrichter tätig war.[24] Die hiergegen eingelegte Beschwerde des Landes verwarf das Oberverwaltungsgericht Münster mit Beschluss vom 24. Juli 2018. Immerhin.

Dieser »Klüngel« (bleiben wir bei dem schönen Begriff) um Behördenleiterposten zieht sich wie ein roter Faden von den obersten bis hin zu den unteren Gerichten. Der Grundgedanke von Artikel 33 Absatz 2 Grundgesetz, wonach jeder Deutsche nach seiner Eignung, Befähigung und fachlichen Leistung gleichen Zugang zu jedem öffentlichen Amt hat, wird bei der Bewerberauswahl gern zufällig übersehen. Auf fachliche Qualifikation kommt es allem Anschein nach weniger an als auf Linientreue. Wer sich als loyaler Mitarbeiter im Justizministerium bewährt hat, taugt auch als zuverlässiger Leiter eines unabhängigen Gerichts. So ist offenbar die Denkweise.

Es hat sich deshalb ein System entwickelt, wonach – lange bevor eine neu zu besetzende Stelle offiziell ausgeschrieben wird – bereits hinter verschlossener Tür besprochen worden ist, wem diese Stelle zugeschustert werden soll. Dann wird dem Auserwählten mitgeteilt, dass er sich auf die Stelle, sobald sie ausgeschrieben wird, bewerben soll. Erst dann wird die Stelle bekannt gegeben. Dieses Postengeschacher hat sich in der Justiz anscheinend deutschlandweit bewährt.[25]

Der ehemalige Vorsitzende Richter am Bundesgerichtshof, Thomas Fischer, erklärte, er habe keine Belege und keine Statistik, sei aber sicher, dass jenseits der Besoldungsgruppe R2 – also insbesondere bei der Besetzung von Präsidenten- und Vizepräsidentenposten – fast nichts mehr ohne parteipolitische Hintergrundmusik laufe.[26]

Ein Angebot, das er nicht ablehnen kann ...

An Majestätsbeleidigung grenzt es daher, sich auf einen Behördenleiterposten zu bewerben, ohne zuvor von »höherer Stelle« aufgefordert worden zu sein. Bewirbt sich ein Kollege, ohne dies wie üblich abzusprechen, auf eine im *Justizministerialblatt* ausgeschriebene Stelle, etwa als Direktor an einem nordrhein-westfälischen Amtsgericht, die bereits für einen anderen Bewerber vorgesehen ist, löst dies ein mittelschweres Erdbeben in der Gerichtsverwaltung aus. Denn die Stelle ist schließlich – was in der Regel mehrere Monate im Gerichtsbezirk allgemein bekannt ist – für einen bestimmten Kollegen ausgeschrieben worden. Meist ist der Name des Kollegen bereits in aller Munde, sogar schon zu dem Zeitpunkt, in dem der Vorgänger den entsprechenden Behördenleiterposten noch nicht geräumt hat und die Stelle deshalb noch nicht ausgeschrieben ist. Wenigstens Verschwiegenheit scheint keine Eigenschaft zu sein, die man sich in Gerichtsverwaltungen vorwerfen lassen muss.

Wie wird auf einen solchen unverzeihlichen Affront, eine nicht abgesprochene Bewerbung, reagiert? Innerhalb weniger

Stunden nach dem Eingang der nicht abgesprochenen Bewerbung bittet der jeweilige Dienstvorgesetzte – etwa der Landgerichtspräsident – den unverschämten Bewerber um eine Unterredung. In einer solchen Unterredung wird dem unerwünschten Kandidaten deutlich gemacht, dass er einen unverzeihlichen Fehler begangen und die Bewerbung nicht zuvor abgesprochen hat. Denn das ist so üblich. Es haben sich Regeln entwickelt, an die man sich zu halten hat, wenn man in der Justiz »Karriere machen« will. Diese Regeln stehen zwar nirgendwo – möglicherweise gibt es ein geheimes Buch in irgendwelchen Katakomben des Justizministeriums, aber ich bezweifle das –, verbindlich sind sie anscheinend dennoch. In einem solchen Gespräch wird der Bewerber an geeigneter Stelle gefragt, ob er die nicht abgesprochene Bewerbung nicht lieber zurückziehen möchte. Fühlen Sie sich durch diese Schilderung an eine Filmszene mit Marlon Brando erinnert? Keine Sorge, wenn die Bewerbung nicht zurückgezogen wird, findet der Bewerber nicht eines Tages einen abgetrennten Pferdekopf in seinem Bett vor. Hierfür fehlt es bereits an einem entsprechenden Posten für abgetrennte Pferdeköpfe im Justizhaushalt. Nein, es passiert erst einmal nichts. Über einen längeren Zeitraum. Nahezu ein ganzes Jahr lang nichts.

Erst wenn der unerwünschte Bewerber im nächsten Jahr seinen Urlaub antritt, teilt ihm das Justizministerium schriftlich mit, dass man sich für den anderen (und regelkonformen) Bewerber entschieden habe. Gleichzeitig setzt man dem Regelbrecher eine Frist von drei Wochen – vom Zeitpunkt des Datums des Schreibens an –, um die Hintergründe dieser Entscheidung zu erfragen. Das Schreiben schickt das Justizministerium dann an das Büro des unerwünschten Kandidaten, in dem sich die-

ser (überraschenderweise) während seines Urlaubs jedoch nur
äußerst selten aufhält, was das Justizministerium offenbar nicht
weiß. Die dreiwöchige Frist läuft dann günstiger- oder (je nach
Standpunkt des Betrachters) ungünstigerweise an eben jenem
Tag ab, an dem der Bewerber aus seinem Urlaub zurückkehrt.
So bleiben dem abgelehnten Kandidaten leider nur wenige
Stunden Zeit, um auf das Schreiben zu reagieren. Ist es nicht
ein äußerst merkwürdiger Zufall, dass zehn Monate lang nichts
geschieht, um dann das Bewerbungsverfahren quasi hinter dem
Rücken des unerwünschten Kandidaten in trockene Tücher zu
bringen?

Eine Reform dieses einem modernen Rechtsstaat unwür-
digen deutschen Systems ist seit sieben Jahrzehnten überfällig.
Gute Vorbilder gibt es genug, in ganz Europa. In Spanien wird
beispielsweise die Position des Gerichtspräsidenten auf einen
Zeitraum von fünf Jahren bestimmt durch den Consejo General, ein selbstständiges Organ der dritten Staatsgewalt, durch das
die Gerichtsbarkeit sich selbst verwaltet. Die gesamte Personal-
politik ist in Spanien nicht Sache des Justizministeriums, sondern allein des Consejo General. In den Niederlanden erfolgt
bereits die Nominierung für die Ernennung zum Richter auf
Empfehlung eines landesweiten Auswahlausschusses, der sich
aus Vertretern der Richterschaft, Staatsanwaltschaft und gesell-
schaftlich engagierten Personen zusammensetzt. Ernannt wird
ein Richter in den Niederlanden für ein bestimmtes Gericht
und nur auf Wunsch des betreffenden Gerichts. *Das* nennt man
Gewaltenteilung.

Die Besten der Besten

Die Landesregierungen besetzen also die höchsten Ämter der rechtsprechenden Gewalt mit Personen, die sie zuvor ausreichend auf ihre Loyalität hin prüfen konnten. Aber steht dem nicht immer noch Artikel 33 Absatz 2 Grundgesetz entgegen, der Grundsatz der Bestenauslese, das Leistungsprinzip? Um auch diesen Grundsatz auszuhebeln, müsste die Regierung eine Möglichkeit haben, selbst zu entscheiden, wer der Beste ist. Und damit wären wir beim sogenannten Beurteilungswesen angekommen:

Neben der Planung, wer eine bestimmte Beförderungsstelle erhält, ist frühzeitig darauf zu achten, dass der »Auserwählte« auch die erforderlichen Beurteilungsnoten[27] mitbringt, um mögliche Konkurrenten auszuschalten, die sich sonst auf Artikel 33 Absatz 2 des Grundgesetzes berufen könnten. Auch in dieser Beziehung funktioniert das deutsche System perfekt! Denn Richter werden nicht etwa von einem unabhängigen Organ der Judikative beurteilt, sondern von der Exekutive, genauer von den Behördenleitern, die von der Exekutive ausgesucht worden sind. Raffiniert. Auf diese Weise können »unbequeme« Richter frühzeitig ausgebremst werden, während stromlinienförmige Kollegen »gefördert« werden. Ein Kollege der Gerichtsverwaltung fragte einmal spöttisch: »*Ist man in der Gerichtsverwaltung, weil man so gute Noten hat? Oder hat man so gute Noten, weil man in der Gerichtsverwaltung ist?*« Diese Frage ist genauso erschreckend wie berechtigt. Ist man einmal Richter in einer Gerichtsverwaltung, dann kommen die guten Noten quasi von ganz allein.

Wer in der Justiz Karriere machen möchte, muss sich einem inoffiziellen Regelwerk unterordnen. Es steigen nicht die mitunter unbequemen Leistungsträger auf, sondern angepasste

Jasager, die es ausgezeichnet beherrschen, sich »hochzubücken«. Die Justizkarriere beginnt der aufstrebende, angepasste Richter als sogenannter *Präsidialrichter*. Präsidialrichter sind Richter, die Aufgaben der Justizverwaltung wahrnehmen. Sie werden vom Präsidenten ausgewählt oder besser auserwählt und sind ihm gegenüber hinsichtlich ihrer jeweiligen Verwaltungstätigkeit weisungsgebunden. Sie haben das zu tun, was ihnen der Präsident sagt. Wie hieß es in der Werbekampagne der nordrhein-westfälischen Justiz? *»Dem Recht verpflichtet sein statt nur dem Chef.«* Man hätte eine Fußnote hinzufügen sollen: *»Und wenn Ihnen das nicht liegt, können Sie immer noch in der Gerichtsverwaltung Karriere machen!«*

Präsidialrichter nehmen eine Zwitterstellung ein: Wenn sie Verwaltungsaufgaben erfüllen, sind sie weisungsgebunden, also reine Befehlsempfänger, dem Chef verpflichtet. Wenn sie aber – wie üblich – auch Rechtsprechungsaufgaben wahrnehmen, sind sie unabhängig und »nur dem Recht verpflichtet«. Jedenfalls theoretisch. Denn Präsidialrichter sind regelmäßig in der Kammer tätig, in der auch der Präsident oder der Vizepräsident den Vorsitz führen. Hieraus ergibt sich eine heikle Lage: Während der Präsidialrichter, wenn er Verwaltungsaufgaben erfüllt, reiner Befehlsempfänger des Präsidenten ist, soll er gleichberechtigt neben dem Präsidenten stehen und diesem sogar widersprechen dürfen (und gegebenenfalls sogar müssen), wenn er Rechtsprechungsaufgaben wahrnimmt. Es klingt ganz widersinnig: Ein angepasster Jasager, der Karriere machen möchte, soll sich gerade gegen den behaupten, von dessen Willen seine berufliche Zukunft abhängig ist und dessen Weisungen er die meiste Zeit zu befolgen hat. Aber genau so funktioniert in Deutschland die Gerichtsverwaltung.

Zurück zum Beurteilungswesen der Justiz. Beurteilungen nimmt eigentlich der Dienstvorgesetzte, also der jeweilige Präsident vor. Der Präsident schreibt die Beurteilungen aber nicht selbst, sondern bedient sich eines Präsidialrichters, des sogenannten P1[28] als Ghostwriter. Der Zeitpunkt der dienstlichen Beurteilungen ist in den einzelnen Bundesländern unterschiedlich geregelt. In Nordrhein-Westfalen erfolgt in der dreijährigen Probezeit des Richters eine Beurteilung in kurzen zeitlichen Abständen, nämlich nach sechs, 18 und 36 Monaten gerechnet vom Dienstbeginn an. Dieser zeitliche Abstand wird bei Richtern auf Lebenszeit, also nach der Verplanung, auf vier Jahre (in anderen Bundesländern auch auf fünf Jahre) vergrößert und erfolgt (verpflichtend) bis zum 55. Lebensjahr.

Präsidialrichter schreiben nicht gerne Beurteilungen, da dies mit einer Menge Arbeit verbunden ist. Deshalb gehen sie bei der Erstellung der Beurteilungsentwürfe so oberflächlich wie möglich vor. Durchschnittlich liest ein Präsidialrichter etwa fünf Akten, die ein Richter in dem vierjährigen Beurteilungszeitraum bearbeitet hat. Das sind beispielsweise bei einem Strafrichter des Amtsgerichts weniger als 0,25 Prozent der von ihm in den vergangenen vier Jahren bearbeiteten Akten. Zusätzlich wird einmalig die Verhandlungsleitung des Richters beobachtet (sogenannte Überhörung), übrigens auch bei weniger als 0,25 Prozent der von einem Strafrichter geleiteten Verhandlungen. Auf der Grundlage dieser »Erkenntnisse« entwirft der Präsidialrichter eine Beurteilung.

Bereits hier lässt sich erkennen: Diese winzigen Stichproben sind keinesfalls geeignet, die Fähigkeiten eines Richters auch nur ansatzweise repräsentativ zu beurteilen. Das wäre genauso, als würde man einen Lehrer beurteilen wollen, indem man sich einen einzigen von 400 unterrichteten Schülern anschaut. Ist der Schüler versetzt worden, ist der Lehrer gut. Ist er sitzen geblieben, ist der Lehrer schlecht. So einfach ist das für die deutsche Gerichtsverwaltung.

Darüber hinaus ist es fraglich, ob ein Präsidialrichter, der nur zu einem geringen Teil Rechtsprechungsaufgaben wahrnimmt, oder ein Präsident, der sich sogar mit noch viel weniger Rechtsprechungsaufgaben befasst, kompetent genug sind, einen Richter mit langjähriger Erfahrung zu beurteilen. Dies gilt insbesondere, wenn sie Richter einschätzen müssen, die in einem anderen Rechtsgebiet als sie selbst tätig sind. So bewerten Präsident bzw. Präsidialrichter eines Landgerichts beispielweise auch Amtsrichter, die als Familien- oder Betreuungsrichter tätig sind, obwohl sie selbst über keinerlei Erfahrung in diesen Rechtsgebieten verfügen.

Darum ist das Interesse an derartigen Beurteilungen bei den Richtern, die nicht »Karriere machen« wollen, verschwindend gering. Die Beurteilungen stützen sich nicht nur auf eine unzureichende Tatsachengrundlage. Sie sind auch regelmäßig derart inhaltsleer, dass der beurteilte Richter mit ihnen nichts anfangen kann. Wie die Beurteilungsnote zustande kommt, ist nicht nachvollziehbar. Oftmals sind die Beurteilungen zahlreicher Richter sogar im Wortlaut identisch (ein P1 arbeitet gerne mit Textbausteinen), nur Name und Note unterscheiden sich. Einer meiner Kollegen verbrannte daher stets den ungeöffneten Umschlag, in dem sich sein »Richterzeugnis« befand. Ein anderer Kollege warf die ungeöffneten Umschläge mitsamt Beurteilung in den Papierkorb.

Einmal habe ich die Unverschämtheit besessen und beantragt, mir Einblick in die einzelnen Beurteilungsbeiträge zu gewähren. Meine Hoffnung war, dass wenigstens die Beiträge aussagekräftig wären, wenn es schon die Beurteilung nicht war. Immerhin hatte ich ein Interesse zu erfahren, was ich nach Auffassung des Präsidenten bzw. des Präsidialrichters richtig oder falsch gemacht hatte. Wenn man bedenkt, dass keiner der beiden auch nur ansatzweise meine Erfahrung als Strafrichter hat, wird man mein Interesse an ihren Einschätzungen nachvollziehen können. Jedoch löste mein Antrag einen Großalarm bei der Gerichtsverwaltung aus. Das ginge nicht, das hätte noch nie jemand beantragt. Der Einblick wurde mir tatsächlich verweigert. Eine Zeit lang hatte ich das Gefühl, es gäbe diese ominösen Beurteilungsbeiträge gar nicht. Das ist dasselbe, als würde sich der Lehrer weigern, seinen Schülern die Klassenarbeit zurückzugeben und einfach eine Fünf ins Zeugnis schreiben, ohne dass die Schüler jemals sehen könnten, was sie denn (angeblich) alles falsch gemacht haben.

Die Beurteilungen dienen ausschließlich dem Zweck, »auserwählte« Richter auf Beförderungsämter zu hieven. Eine auch nur ansatzweise objektive Bewertung der Arbeit eines Richters wird nicht erzielt und ist auch gar nicht angestrebt. Denn wären die Beurteilungen objektiv, würden sie als Mittel des Klüngels – ich meine natürlich der sogenannten Personalplanung und -entwicklung – wegfallen.

Ein schlechter Ersatz für gute Richterleistung?

Übrigens können Justizminister nicht nur Direktoren, Vizedirektoren, Präsidenten und Vizepräsidenten der Amts-, Land- und Oberlandesgerichte bestimmen. Ihre Macht auf die dritte Staatsgewalt reicht noch viel weiter. Sie können beispielsweise auch beeinflussen, welche Richter Vorsitzende Richter am Landgericht werden. Grundsätzlich gibt es zwei Wege, zum Vorsitzenden Richter am Landgericht befördert zu werden:

Der »klassische« Weg ist die sogenannte Erprobung. Hierzu wird ein Richter für einen Zeitraum von neun Monaten an einen Senat eines Oberlandesgerichts abgeordnet, wo er Entscheidungsvorschläge für ihm zugewiesene Verfahren bearbeiten muss. Der Vorsitzende des Senats bewertet dann seine Fähigkeiten in einem Beurteilungsbeitrag. Für den Präsidenten ist es schwer (wenn auch nicht unmöglich), an diesem Beurteilungsbeitrag des Senatsvorsitzenden »vorbeizukommen« und eine davon gänzlich abweichende Beurteilung zu treffen.

Die Justizministerien haben jedoch noch einen zweiten Weg entwickelt für die Richter, die sich in der Gerichtsverwaltung als loyale Gefolgsleute bewährt haben, deren richterliche Fähigkeiten aber nicht unbedingt ausreichen, um die Erprobung in einem Oberlandesgerichtssenat durchzustehen: die sogenannte Ersatzerprobung (das heißt wirklich so). Ein Richter übernimmt in diesem Fall für einen längeren Zeitraum – in der Regel für mehrere Jahre – eine weisungsgebundene Tätigkeit etwa im Justizministerium, die nichts mehr mit der eigentlichen Arbeit eines Richters zu tun hat. Er entwirft beispielsweise Klausuren für Referendare, schreibt Berichte und Stellungnahmen. Kurz: Er macht alles Mögliche außer dem, wozu er ursprünglich eingestellt worden ist, nämlich Recht zu sprechen. Im Anschluss gilt der Richter als »ersatzerprobt« und darf sich um eine Stelle als Vorsitzender Richter am Landgericht bewerben. Weil er ja vorher gezeigt hat, dass er auch etwas anderes kann. Ich frage mich, ob man in anderen Berufen auch so vorgeht. Wenn ein Oberarzt in der Chirurgie gesucht wird, reicht es dann aus, wenn ein Arzt einige Jahre als Fleischer in einer Wurstfabrik gearbeitet hat?

Auch hier ist eine Reform des deutschen Systems dringend erforderlich. Um den Vorsitzenden einer Landgerichtskammer zu bestimmen, könnte gänzlich auf eine Erprobung verzichtet werden. Schauen wir erneut auf das spanische System. Es ist ebenso einfach wie transparent: Den Vorsitz einer Kammer führt stets deren lebensältestes Mitglied.[29]

Der natürliche Feind des Richters

Es hat leider einige unangenehme Folgen, dass Gerichtsverwaltungen planlos und unüberlegt, dafür aber vom Justizminister bestimmt werden. Die »gewöhnliche« Richterschaft und die Gerichtsverwaltung – also der Behördenleiter und die von ihm auserwählten und mit Gerichtsverwaltungsaufgaben betrauten Präsidialrichter – arbeiten selten miteinander, mitunter aneinander vorbei, allzu häufig gegeneinander.

Richter der Gerichtsverwaltung, also Behördenleiter und Präsidialrichter, neigen dazu, ihre Bedeutsamkeit allein aus ihrer Position und nicht aus ihren Arbeitsergebnissen abzuleiten. Häufig können sie auch keine nennenswerten Arbeitsergebnisse vorweisen – von Unzufriedenheit, Frustration und Resignation ihrer Kollegen einmal abgesehen. *»Gerichtsverwaltung ist Mangelverwaltung!«* ist ein Spruch, der von Richtern in der Verwaltung gern als Ausrede gebraucht wird, um die fehlenden Ergebnisse ihrer Tätigkeit zu rechtfertigen. Seht her, es liegt gar nicht an mir, es liegt daran, dass ich nur Mängel verwalte. Möglicherweise sind jedoch andere Umstände die Ursache dafür, dass einige Behördenleiter und Präsidialrichter mit Schamesröte im Gesicht und betretenem Schweigen dastehen müssten, wenn man sie nach ihren Arbeitsergebnissen fragen würde: Ihnen fehlen in der Regel sowohl die Begabung als auch die Ausbildung für die Verwaltungstätigkeit.

Auch wenn es, wie bereits ausgeführt, um die Ausbildung der Richter nicht zum Besten bestellt ist, eignen sich die Jurastudenten während des Studiums wenigstens einen Teil des theoretischen Wissens an, um Rechtsprechungsaufgaben wahrzunehmen. Dasselbe Wissen haben auch die Richter in der Gerichtsverwaltung erworben. Aber eben nicht mehr. Denn auch diese Richter sind Juristen und keine Verwaltungsfachwirte oder Verwaltungsbetriebswirte. Es wird jedoch in der Justiz für ausreichend angesehen, die jeweiligen Richter oberflächlich in Verwaltungstätigkeiten fortzubilden. Sie nehmen mehr oder weniger engagiert an einigen Lehrgängen teil und erhalten manchmal sogar ein entsprechendes Zertifikat. Natürlich ohne jegliche Prüfung. Dabei zu sein ist alles. Oder jedenfalls körperlich anwesend zu sein. Oder zumindest oft körperlich anwesend zu sein. Das genügt. Damit ist der Richter ausreichend fortgebildet, um eine Behörde zu leiten.

Diese zweifelhaften Fortbildungsveranstaltungen finanzieren übrigens die Steuerzahler. Mit ihrem Steuergeld. Sie bezahlen die vortragenden Dozenten, die Unterbringung und Verpflegung der Richter während der Fortbildung, die Hin- und Rückreise und vieles mehr.

Neben einer entsprechenden Ausbildung fehlt es Richtern der Gerichtsverwaltung oft an einer natürlichen Begabung für Personalführung. Werden diese Richter dann schließlich irgendwann Behördenleiter, ist es nur menschlich, dass sie ebenfalls

Gehilfen bevorzugen, die ihnen ähnlich sind, und nicht solche, die über Führungsqualitäten verfügen. Es gilt die alte Regel: Nur erstklassige Chefs suchen sich erstklassige Mitarbeiter. Zweitklassige Chefs suchen sich drittklassige Mitarbeiter. Und drittklassige Chefs suchen …? Schauen Sie sich doch einmal in einer Gerichtsverwaltung um, da finden Sie vielleicht eine Antwort. Auf diese Weise ist geradezu inzestuös eine bestenfalls mittelmäßige Gerichtsverwaltungskaste herangezüchtet worden.

Je höher Richter in der Gerichtsverwaltung steigen, desto unproduktiver werden sie. Sie nehmen nur noch selten Rechtsprechungsaufgaben wahr. Und umso unproduktiver sie werden, desto weniger nehmen die anderen Richter sie noch ernst. Die meisten Mitglieder der Verwaltung, Präsidenten, Vizepräsidenten, Direktoren, Vizedirektoren und Präsidialrichter, würden sich wundern, wenn sie einmal miterleben würden, mit welcher Verachtung über sie und ihre Tätigkeit bei der »gewöhnlichen« Richterschaft tagtäglich gesprochen wird.

Wie überflüssig Behördenleiter bisweilen sind, fällt übrigens dann auf, wenn sie längere Zeit fehlen. Es ist keine Seltenheit, dass der Direktor eines Amtsgerichts erst nach mehr als einem Jahr einen Nachfolger findet. Dies wirkt sich jedoch keineswegs negativ auf das jeweilige Gericht aus. Weder werden in dem entsprechenden Zeitraum in dem Gericht weniger Entscheidungen getroffen, noch sind die in dieser Zeit gefällten Entscheidungen schlechter. Selbst die Amtsgerichtsverwaltung nimmt die Vakanz kaum wahr. Abgesehen von einer Ausnahme: Während eine Behördenleiterstelle nicht besetzt ist, kostet sie den Steuerzahler wenigstens nichts.

Motivationskiller – Behördenleiter

Eine der wichtigsten Begabungen, die Behördenleitern gewöhnlich fehlen, ist die Fähigkeit, andere zu begeistern. Es fällt ihnen bereits schwer, den Kollegen, die ihre Arbeit seit Jahren sorgfältig ausführen, einige anerkennende Worte zu sagen. Die Fähigkeit, das Selbstwertgefühl und damit das Selbstbewusstsein eines Mitarbeiters zu steigern, ist die Hauptaufgabe einer Führungspersönlichkeit. Leider habe ich sie erst bei einem einzigen Behördenleiter, genauer gesagt einer Behördenleiterin, festgestellt.

Es könnte darin begründet sein, dass Behördenleiter selbst meistens nur ein sehr geringes Selbstwertgefühl haben. Denn Menschen mit einem schwachen Selbstwertgefühl sind nicht in der Lage, das Selbstwertgefühl eines anderen Menschen zu steigern. Es liegt auch nicht in ihrem Interesse, weil sie befürchten, dadurch selbst noch kleiner zu erscheinen. Deshalb stellen sie regelmäßig auch nur Menschen mit geringem Selbstbewusstsein als ihre engsten Mitarbeiter ein.

Das geringe Selbstbewusstsein eines Behördenleiters zeigt sich in der Regel in der Auswahl seiner Tätigkeit in der Rechtsprechung: Präsidenten der Landgerichte suchen sich gern eine Berufungskammer für Zivilsachen; dies gilt auch für die übrigen in der Gerichtsverwaltung eingesetzten Richter. Und zwar aus gutem Grund: Gegen die Urteile einer landgerichtlichen Berufungskammer für Zivilsachen gibt es kaum noch Rechtsmittel. Mir sagte mal ein Landgerichtspräsident: »*Wissen Sie: Es ist nicht schön, als Präsident eines Landgerichts von einem Oberlandesgericht abgeändert zu werden.*« Die Abänderung eines Urteils, das der Präsident gesprochen hat, wird als Peinlichkeit empfunden. Zeigt es doch, dass er offensichtlich juristisch nicht unfehlbar ist. Und gerade das muss er doch sein. Denn der Präsident eines Landgerichts hat regelmäßig eine der besten Beurteilungen des Gerichts. Zum Glück ist gegen die Urteile einer Berufungskammer in der Regel kein Rechtsmittel mehr zulässig. Wie praktisch.

Schreckgespenst – EdK-Vermerk

Ich saß an meinem Schreibtisch, hatte eine Tasse frisch gebrühten Kaffee in der Hand und bereitete mich auf die Sitzung des nächsten Tages vor: eine Messerstecherei zwischen mehreren jungen Männern. Anscheinend konnten sich ihre Familien nicht leiden. Da klingelte das Telefon. Die Polizei teilte mir mit, es sei bekannt geworden, dass die Familien der Messerstecher und der Opfer am nächsten Tag mit bis zu 80 Personen bei Gericht erscheinen wollten, um dort Stimmung zu machen. »Wollen Sie trotzdem verhandeln«, fragte mich der Polizeibeamte. »Natürlich, warum denn nicht?«, erwiderte ich.

Ein Gespenst geht um in deutschen Gerichten – das Gespenst des EdK-Vermerks. »EdK« ist die Abkürzung für »Ende der Karriere«. Das EdK-Gespenst zerstört nicht den Körper. Es frisst nicht die Seele. Es beendet die Karriere in der Gerichtsverwaltung. Wie können es Präsidialrichter, Direktoren und Präsidenten bekämpfen? Mit größter Vorsicht und der Vermeidung unangenehmer Entscheidungen. Die erste Frage, die sich ein Karrierist der Gerichtsverwaltung vor jeder Entscheidung stellen muss, lautet: Riskiere ich damit einen sogenannten EdK-Vermerk in meiner Personalakte? Natürlich gibt es einen solchen Vermerk nicht tatsächlich. In keiner Personalakte steht »EdK-

Vermerk«. Im übertragenen Sinn allerdings kann in einer Personalakte schon etwas geschrieben stehen, das einer weiteren Beförderung im Wege steht.

Nun neige ich dazu, mich eher auf meine Richterpflichten als auf meine Karriere zu konzentrieren; deshalb werde ich es in der Justiz auch nie zu einem höheren Richteramt bringen. In dem oben geschilderten Fall wurde mir seitens der Gerichtsverwaltung empfohlen, den Verhandlungstermin zu verschieben und an einem anderen Tag und (vor allem) an einem anderen Ort, etwa dem Landgericht, durchzuführen. Was war der Grund für diese »Empfehlung«? Das EdK-Gespenst geisterte wieder herum. Wenn etwas passiert, hier bei uns im Gericht, das vielleicht sogar in der Zeitung steht … wer erhält dann einen EdK-Vermerk? Ich? Oder – um Himmels willen – der Behördenleiter?

Ich führte die Verhandlung wie geplant durch. Dabei erhielt ich großartige Unterstützung seitens der Polizei. Sie sicherte das Gerichtsgebäude vorbildlich ab, sodass ich meine Arbeit erledigen konnte. Ich würde mich jederzeit wieder so entscheiden. Es ist mir vollkommen gleichgültig, ob damit die Karriere eines Behördenleiters oder meine eigene gefährdet wird. Es ist mir viel wichtiger, dass der Rechtsstaat nicht gefährdet wird. Auch das kleinste Amtsgericht verkörpert den Rechtsstaat und darf niemals zurückweichen. Nicht vor kriminellen Großfamilien, nicht vor Rauschgiftbanden, nicht vor Reichsbürgern. Denn in dem Augenblick, in dem ein Gericht auch nur einen Millimeter zurückweicht, ist eine winzige Lücke geschaffen, die schnell zu einem rechtsfreien Raum wird.

Das Magazin *Focus* berichtete am 29. März 2019[30] von dem Vermerk eines Essener Amtsrichters, der dafür plädierte, eine Anklage gegen einen Clanchef u. a. wegen vorsätzlicher Körperverletzung und Widerstands gegen Vollstreckungsbeamte nicht zu verhandeln, da das Sicherheitsrisiko durch Tumulte seitens des Angeklagten und seiner Familie zu groß sei. Im Fall eines Prozesses sei eine Vielzahl Wachtmeister, zehn oder mehr, und gegebenenfalls die Unterstützung der Polizei erforderlich, um eventuelle bedrohliche Situationen zum Nachteil geladener Zeugen, des Staatsanwalts oder des Gerichts zu unterbinden. Deshalb sei lediglich ein Strafbefehl gegen den Clanchef erlassen und von einem Prozess abgesehen worden. Ein Sprecher des Amtsgerichts Essen habe allerdings betont, mittels Strafbefehl sei allein aus verfahrensökonomischen Gründen entschieden worden »und nicht, weil der Angeklagte gefürchtet sei oder dem Gericht das Sicherheitsrisiko zu hoch erschien«. Zum Glück ist das klargestellt worden! Sonst hätte dieses Verhalten einen ganz schlechten Eindruck hinterlassen …

Die gemeine Justizkrähe

Kennen Sie die Krähentheorie *»Eine Krähe hackt der anderen kein Auge aus«?* Dies gilt allerdings nur für gewöhnliche Krähen. Vor einigen Jahren wurde jedoch von Ornithologen zufällig eine ganz besondere Krähenart entdeckt: die gemeine Justizkrähe. Sie verhält sich ganz anders. Sie arbeitet in der Gerichtsverwaltung. Sie hackt anderen Krähen nicht nur die Augen aus, sondern berichtet der Oberjustizkrähe auch noch mit Stolz von ihrer Heldentat.

Richter der Gerichtsverwaltung verstehen sich selten als Teil der Rechtsprechung, sondern als Teil der Regierung. Kollegialität ist ihnen fremd. Drei einfache und alltägliche Beispiele zeigen, was damit gemeint ist:

1. Ein Kollege wechselte das Gericht und zog deshalb um. Zufällig erfuhr er von dem Gesetz über die Umzugs- kostenvergütung für die Bundesbeamten, Richter im Bundesdienst und Soldaten (BUKG – Bundesumzugs- kostengesetz). Dieses Gesetz gilt nach dem Landesum- zugskostengesetz (LUKG) auch für Richter im Lan- desdienst Nordrhein-Westfalens. Danach konnte mein Kollege Kostenerstattung für einen Teil des dienstlich ver- anlassten Umzugs fordern. Obwohl ein Großteil der Rich- ter anlässlich ihrer Verplanung näher an ihren Dienstort, also ihr jeweiliges Gericht, zieht, kennt kaum ein Richter dieses Gesetz. Der jeweilige Dienstherr macht auf das Ge- setz auch nicht aufmerksam, obwohl er von dem Umzug weiß. Denn jeder Richter ist selbstverständlich verpflich- tet, seinen Umzug bei ihm anzuzeigen.

2. Ein Kollege war im Rahmen seines Wochenend- Eildienstes gezwungen, im Gerichtsbezirk gelegene Kli- niken aufzusuchen, da er über Unterbringungsanträge zu entscheiden hatte. Er fuhr mit dem eigenen Pkw. Im Anschluss an den Eildienst machte er eine Fahrtkosten- erstattung geltend. Ihm wurde seitens der Verwaltung seines Amtsgerichts ausgerichtet, dass Fahrtkosten nicht erstattet würden. Er berief sich auf das einschlägige Ge- setz, dessen Voraussetzungen unzweifelhaft erfüllt wa- ren. Daraufhin erhielt er einen Anruf, in dem ihm mit- geteilt wurde, er solle seinen Antrag zurückziehen, da Fahrtkosten grundsätzlich nicht erstattet würden. Erst als er erklärte, er werde den Antrag nicht zurückziehen, wurden seine Fahrtkosten erstattet. Gleichwohl wurde ihm mitgeteilt, er solle nicht darüber sprechen, es sei ein

einmaliges Entgegenkommen. Wie großzügig von der Gerichtsverwaltung, sich an die geltende Rechtslage zu halten, wenn auch – wie angekündigt – nur einmalig!

3. Eine Kollegin, die als Halbtagskraft tätig war, erkrankte während ihrer zweiten Schwangerschaft an Schwangerschaftsdiabetes. Der Arzt sprach ein Beschäftigungsverbot aus. Von einer befreundeten Lehrerin erfuhr sie, dass der Europäische Gerichtshof entschieden hatte, dass in diesem Fall eine Rückmeldung bei dem Arbeitgeber mit ganzer Kraft erfolgen darf. Da dies bei der Berechnung des anschließenden Elterngelds entsprechende Berücksichtigung findet, kam die Kollegin dem nach. Wenige Tage später erhielt sie einen Anruf des zuständigen Präsidialrichters, der ihr mitteilte, das Oberlandesgericht habe sich gemeldet. Das, was die Kollegin beantrage, ginge so nicht. Sie solle doch einfach den Antrag zurückziehen. Die Kollegin blieb hartnäckig und erwiderte, dass – wenn die Rechtslage so einfach gelagert sei – doch bitte der Antrag abschlägig beschieden werden solle. Dann könne sie sich überlegen, ob sie dagegen auf dem Rechtsweg vorgehe. Einige Tage später erhielt sie erneut einen Anruf des zuständigen Präsidialrichters, der angab, das Oberlandesgericht habe sich wieder gemeldet. Man habe die Sach- und Rechtslage in größerer Runde nochmals besprochen. Es bestehe kein Anspruch auf Vollzeitbeschäftigung. Daher solle der Antrag endlich zurückgezogen werden. Die Kollegin erklärte erneut, dass sie dies nicht tun werde. Einige Wochen später wurde ihrem Antrag stattgegeben. Die Kollegin wurde jedoch gebeten, nicht mit anderen Kollegen darüber zu sprechen.

Kapitel 3

Die verlorenen Kinder: Proberichter

Die besten Fähigkeiten der Gerichtsverwaltung – Einschüchterung und Ausnutzung – bekommen vor allem junge Kollegen zu spüren, die Proberichter. In den ersten drei Jahren nach der Einstellung in den Richterdienst ist man »Richter auf Probe«. In dieser Zeit kann man innerhalb des ersten Jahres nahezu grundlos, im zweiten oder dritten Jahr nur mit gewichtigen Gründen aus dem Dienst entlassen werden – was jedoch sehr selten vorkommt, der Bedarf an Richtern ist einfach zu groß. In den ersten drei Probejahren hat der Nachwuchsrichter alle Pflichten, die auch ein Richter auf Lebenszeit hat, und offiziell auch dessen Unabhängigkeit. Inoffiziell wird er sich weder mit dem Vorsitzenden seiner Kammer noch mit seinem Behördenleiter anlegen. Schließlich will er nicht entlassen, sondern verplant werden. Und gerade dies macht ihn extrem angreifbar und nicht selten zu einem leichten Opfer der Gerichtsverwaltungen.

Im Jahr 2009 wurde ich erstmals Strafrichter am Amtsgericht. Ich war noch in der Probezeit. Die Personalnot im Geschäftsstellenbereich[31] war damals sehr groß. Es gab zu wenig Protokollführer, also Justizmitarbeiter, die während der Verhandlung das Hauptverhandlungsprotokoll schreiben. Deshalb war die Gerichtsverwaltung auf den Gedanken gekommen, Referendare als Protokollführer einzusetzen. Hiervon waren die Strafrichter nicht begeistert. Und in der Tat sprechen gleich drei Gründe gegen diese Idee:

Erstens sollen Referendare für ihren zukünftigen Beruf ausgebildet werden. Referendare arbeiten später als Rechtsanwalt, Richter oder Staatsanwalt, aber auf keinen Fall als Protokollführer. Ein Einsatz als Protokollführer ist daher für die Ausbildung jedes Referendars vollkommen sinnlos.

Zweitens besteht die Gefahr, dass Fehler, die dem Referendar bei der Erstellung des Hauptverhandlungsprotokolls unterlaufen, nicht zeitnah berichtigt werden können. Denn Referendare sind während ihrer dreimonatigen »Strafrechts-Ausbildung« nur selten bei Gericht. Danach sind sie noch schwerer zu erreichen. Nicht selten verbringen sie den folgenden Ausbildungsabschnitt im Ausland.

Drittens – und das ist wahrscheinlich der wichtigste Gesichtspunkt – sind Referendare nicht als Protokollführer ausgebildet. Ein älterer Amtsrichter behauptete zwar, er könne jedem Referendar in 30 Minuten beibringen, wie ein Hauptverhandlungsprotokoll zu führen sei. Nachdem ich mir das ein oder andere von diesem Kollegen unterschriebene Protokoll angesehen hatte, zweifelte ich an seiner Behauptung. Jeder erfahrene Strafrichter wird mir zustimmen, dass eine erfahrene Protokollkraft unbezahlbar ist. Es stellt eine Herabwürdigung ihrer Arbeit dar, wenn man annimmt, dies könnte jedermann innerhalb von 30 Minuten lernen.

Aus diesen Gründen weigerte ich mich damals, Referendare als Protokollführer einzusetzen. Die Gerichtsverwaltung ließ mir mitteilen, auch wenn ich mich weigerte, würde für meine Strafrichtersitzung ein Referendar als Protokollführer eingeteilt. Daraufhin kündigte ich an, in diesem Fall den Hauptverhandlungstermin aufzuheben und der Staatsanwaltschaft sowie dem Verteidiger zu erklären, dass die ordnungsgemäße Durchführung der Hauptverhandlung mangels eines ausreichend geschulten Protokollführers nicht gewährleistet sei. Kurze Zeit darauf suchte mich im Auftrag des Behördenleiters der damalige Präsidialrichter auf. Er richtete mir aus, dass es in meiner Beurteilung negativ vermerkt werden würde, wenn ich – wie von mir angekündigt – eine Hauptverhandlung ausfallen ließe. Die Drohung mit dem EdK-Gespenst. An meine Antwort erinnere ich mich noch gut: »*Richten Sie dem Präsidenten aus: Wenn irgendjemand in diesem Gericht glaubt, mich einschüchtern zu können, dann unterschätzt er mich grundlegend.*« Der Präsidialrichter stutzte und verließ mein Büro. Einen Augenblick später kam er zurück und sagte, dass ich in seiner Achtung nicht gesunken sei – ganz im Gegenteil. Mir wurde nie ein Referendar als Protokollführer zugeteilt. Vielen anderen Kollegen, die sich nicht gewehrt haben, schon.

Die Gerichtsverwaltung – also vor allem Präsidenten, aber auch Präsidialrichter – behandelt junge Kollegen, als wären es unterwürfige Kreaturen. Es ist zutiefst beschämend.

Zwei Bier, Schätzchen!

Eine besondere Art der Demütigung müssen Proberichterinnen in einem nordrhein-westfälischen Gerichtsbezirk über sich ergehen lassen, was seit Jahren bekannt ist, ohne dass dagegen etwas von höherer Stelle unternommen wird: Junge Proberichterinnen werden als Bedienung auf Gerichtsfesten eingesetzt. Na und? Was ist so schlimm daran, dass ein junger Mensch kellnert? Grundsätzlich ist daran überhaupt nichts schlimm. Viele meiner Kollegen haben sich ihr Studium damit finanziert. Wenn jedoch eine junge Proberichterin auf einem Behördenfest kellnert, ist die Situation eine andere: Erstens hat man im Studium für das Kellnern gutes Geld bekommen, hier erhält man keinen Cent. Zweitens hat man freiwillig gekellnert und nicht unter Druck (»Wenn ich es nicht tue, erhalte ich vielleicht keine Planstelle als Richterin«). Drittens muss dieselbe junge Proberichterin dem Rechtsanwalt, dem sie das Bier serviert und der sich angetrunken zu einer abfälligen Geste oder einem sexistischen Spruch hinreißen lässt, am folgenden Tag im Sitzungssaal gegenüber die Würde des Gerichts repräsentieren. Offensichtlich fehlt dem zuständigen Behördenleiter jegliche Einsicht, dass er so eine junge Kollegin mit Herablassung behandelt und auch hier die »Würde des Gerichts« auf der Strecke bleibt.

Auch die folgende Geschichte zeigt eindrucksvoll, wie gering die Wertschätzung den Nachwuchsrichtern gegenüber ist.

Ein Richter für 3 Euro

Sabine war erst seit sechs Wochen Richterin. Die Arbeit machte ihr viel Spaß, obwohl sie 60 Stunden in der Woche arbeiten musste. Natürlich auch am Wochenende. Alles war noch neu für sie. Sie brauchte länger bei der Aktenbearbeitung als ältere Kollegen. Aber das fand sie vollkommen in Ordnung. Schließlich ging es den anderen Nachwuchsrichtern ebenso. An einem Vormittag klopfte es an ihrer Bürotür. Ohne auf ein »Herein« zu warten, flog die Tür auf. Vor Sabine stand Präsidialrichter Meier. »Wir müssen noch jemanden am 7. April für die Klausuraufsicht zum Oberlandesgericht schicken. Es ist so üblich hier, dass das die jungen Kollegen übernehmen. Da müssen alle mal durch.« Schon war Meier wieder verschwunden. Sabine war vollkommen überrumpelt. Der 7. April? Das war ja schon in zwei Wochen! Wie sollte sie das auch noch schaffen? Sie musste noch acht Fälle für ihren Vorsitzenden vorbereiten. Und sechs Urteile schreiben. Aber was sollte sie jetzt tun? Sollte sie Meier anrufen und ablehnen? Das würde der bestimmt dem Präsidenten erzählen. Sie wollte doch keinen schlechten Eindruck machen. Gerade als Neue. Ihre erste Beurteilung stand doch erst noch bevor. Sonst würde man sie vielleicht als ungeeignet entlassen. Also sagte sie nichts und führte Klausuraufsicht.

Eine der vielen zusätzlichen Arbeiten, die besonders gern jungen Nachwuchsrichtern aufs Auge gedrückt wird, ist die Klausuraufsicht. In Nordrhein-Westfalen schreiben Referendare im Rahmen der zweiten juristischen Staatsprüfung acht Klausuren von jeweils fünf Stunden Dauer. Sie werden beaufsichtigt, damit sie nicht vom Nachbarn abschreiben oder nach der richtigen Lösung im Internet surfen. Für die Aufsicht wird bevorzugt der Richternachwuchs eingesetzt. Aus ökonomischer Sicht ist dies auf den ersten Blick völliger Schwachsinn. Die höchstbezahlten Mitarbeiter des Gerichts führen Klausuraufsicht, obwohl die Aufsicht von jedem anderen ebenso gut geführt werden kann. Es führen beispielsweise auch Geschäftsstellen Klausuraufsicht, wenn nicht genügend Richter zur Verfügung stehen. Warum also werden Richter für diese Aufgabe eingesetzt? Weil Geschäftsstellen ein Arbeitszeitkonto haben. Überstunden können abgefeiert werden. Bei Richtern geht das nicht (vgl. dazu S. 101 »Was ist mit Überstunden?«). Junge Richter arbeiten eben länger in der Woche, in der sie für die Klausuraufsicht eingesetzt werden. Sie könnten natürlich die Zeit der Klausuraufsicht von ihrer Wochenarbeitszeit abziehen und dem Bürger mitteilen, dass sie leider keine Zeit für seinen Rechtsstreit haben, da sie Referendare beaufsichtigen müssen. Aber derart konsequent sind junge Richter leider nicht! Und das nutzen die Gerichtsverwaltungen ekelhaft unkollegial aus.

Für die fünf Stunden Klausuraufsicht wird eine »großzügige« Aufwandspauschale gezahlt: insgesamt 16,80 Euro, natürlich *vor* Abzug der Steuern. Nein, nicht pro Stunde, sondern für alle fünf Stunden zusammen! Überlegen Sie bitte einmal genau: Wann haben Sie das letzte Mal für einen Netto-Stundenlohn von unter 3 Euro gearbeitet?

Jetzt gibt es Richter, die der Gerichtsverwaltung nahestehen, ihr manchmal auch angehören, und sagen: »*Moment mal! Ich führe manchmal selbst Klausuraufsicht!*« Meine Antwort darauf: »*Es ist euer Problem und peinlich genug, wenn ihr einen geringen Selbstwert habt. Aber übertragt es nicht noch auf junge Kollegen!*«

Die mangelnde Wertschätzung gegenüber dem Richternachwuchs zeigt sich nicht nur bei der Klausuraufsicht. Junge Kollegen werden derart wenig geachtet, dass die Gerichtsverwaltung sie nicht mal frei entscheiden lassen möchte, wo sie arbeiten.

Wo du arbeiten willst, sagen wir dir schon!

Klaus hatte die letzten eineinhalb Jahre seiner Proberichterzeit beim Amtsgericht verbracht. Er wollte bei diesem Amtsgericht bleiben und sich auf eine Stelle bewerben. Der für die Personalplanung zuständige Präsidialrichter Meier teilte ihm mit, dass auf absehbare Zeit keine Stelle beim Amtsgericht frei werde. Aber er habe sich etwas überlegt: Klaus solle sich auf eine Stelle beim Landgericht be-

werben. Dann würde er sofort an das Amtsgericht zurückgeschickt,
abgeordnet nennt man das. Klaus könnte dann so lange beim Amts-
gericht weiterarbeiten, bis eine Stelle frei würde. Klaus gefiel der
Vorschlag. Er bewarb sich wie mit Meier besprochen auf die Stelle
beim Landgericht. Kurz darauf fand sich Klaus in einer stark belas-
teten Zivilkammer des Landgerichts wieder. Meier konnte sich an
eine Absprache mit Klaus nicht mehr erinnern.

Nachdem sich ein Nachwuchsrichter in der Probezeit von drei
Jahren bewährt hat, kann er sich auf eine ausgeschriebene Planstelle bewerben. Wenn er die Stelle erhält, wird er »verplant«.
Mit dieser Verplanung wird er dann Richter auf Lebenszeit. Sein
Amtstitel lautet dann nicht mehr »Richter«, sondern »Richter
am Amtsgericht« oder »Richter am Landgericht« – je nachdem,
an welchem Gericht er verplant wird. Zwischen einem »Richter
am Amtsgericht« und einem »Richter am Landgericht« besteht
grundsätzlich kein Unterschied. Weder wird einer von beiden
besser bezahlt, noch bekleidet einer von beiden ein höheres Amt.
Beide sind in derselben Besoldungsgruppe und haben dieselben
Pensionsansprüche. Auf welche Stelle sich ein Richter bewirbt,
entscheidet allein er. Sein Wahlrecht wird nur durch die jeweiligen Kapazitäten beschränkt. So jedenfalls die Theorie. Die Praxis
sieht leider anders aus. Gerichtsverwaltungen versuchen mit unkollegialen und höchst fragwürdigen Methoden, das Wahlrecht
junger Kollegen zu beschneiden. Leider mit großem Erfolg.
   Junge Richter werden in systematischer Regelmäßigkeit ein-
geschüchtert. Seit meinem Eintritt in den Justizdienst im Jahr
2007 lügt man dem Richternachwuchs vor, es gebe kaum noch
Planstellen. Der junge Kollege müsse nehmen, was gerade frei
sei. Dahinter steckt das Ziel, dass junge Richter sich auf die

Stelle bewerben, die ihnen von der Gerichtsverwaltung ausgesucht wird. Der Plan geht regelmäßig auf. Zu groß ist die Angst,
vielleicht doch ohne Planstelle dazustehen.

Die Angst ist unbegründet. Ich habe in den vergangenen
Jahren leider nur vier junge Kollegen kennengelernt, die sich
nicht haben einschüchtern lassen und sich auf die Stelle beworben haben, die sie wollten. Dies führte zwar in allen vier Fällen zu einem großen Missfallen der Gerichtsverwaltungen. Den
Kollegen wurde mit Nachdruck »empfohlen«, ihre Bewerbungen
zurückzuziehen. Als sich ein Kollege auf eine Stelle als Richter
am Amtsgericht bewarb, log man ihm sogar vor, er müsse vorher
erst mehrere Jahre als Richter am Landgericht gearbeitet haben.
Was für ein Unsinn! Einem anderen Kollegen, der sich auf mehrere, bei verschiedenen Amtsgerichten ausgeschriebene Richterstellen gleichzeitig bewarb, erklärte der in der Gerichtsverwaltung des Landgerichts zuständige Präsidialrichter, das könne er
»eigentlich nicht«. Er entgegnete: »Doch, genau *das* kann ich!
Und nicht nur *eigentlich*!« Alle vier Kollegen hatten Erfolg. Sie
erhielten genau die Stelle, auf die sie sich gegen den Willen der
Gerichtsverwaltung beworben hatten.

So lächerlich die im ersten Kapitel beschriebenen Werbemaß-
nahmen auch sind, immerhin lassen sie die Vermutung zu, dass
einige Justizministerien aus ihrem Dornröschenschlaf (fast) aufge-
wacht sind. Sie versuchen wenigstens, sich um geeignete Bewerber
ein wenig zu bemühen. Auf die falsche Weise und ohne Erfolg.
Aber immerhin. Aus ihrem Schlaf noch immer nicht erwacht sind
die Personalverwaltungen der einzelnen Landgerichte. Dort be-
nehmen sich nicht wenige Personaldezernenten immer noch wie
eine »offene Hose« und sorgen dafür, dass Proberichter frustriert
den Dienst quittieren oder sogar das Bundesland wechseln.

Kapitel 4
Faule Millionäre?

»Hier ist das Ergebnis der DNA-Analyse. Mayer ist doch der Vater. Wir brauchen sofort einen Haftbefehl!«, energisch steckt sich Tatortkommissar Benk den Revolver in sein Gürtelhalfter. »Um diese Zeit?«, fragt sein Kollege, Kommissar Schallauf. »Es ist schon nach Mittag. Da ist Richter Klein nicht mehr im Gericht. Aber ich weiß, wo er wohnt.« Szenenwechsel: Das Zivilfahrzeug mit den Kommissaren hält vor einer prächtigen Villa mitten in Köln. Vor dem Haupthaus stehen eine Limousine und ein Oldtimer-Sportwagen. Ein Angestellter des Hauses ist gerade mit der Lackpflege der Fahrzeuge beschäftigt. Kommissar Benk klingelt an dem Eingangstor. Eine Hausangestellte öffnet. »Guten Tag, Kripo Köln, wir suchen den Richter. Es ist dringend.« Das Hausmädchen rümpft die Nase: »Der Herr Richter ist im Garten.« Die Kommissare gehen um das riesige Anwesen herum. Im parkähnlichen Grundstück finden sie Richter Klein, er ist damit beschäftigt, seinen Golfabschlag zu verbessern. »Richter müsste man sein ...«, flüstert Kommissar Schallauf seinem Kollegen zu.

Das Bild des Richters ist immer noch geprägt vom reichen und wenig arbeitenden Staatsjuristen. So wird der Richter häufig in Fernsehserien dargestellt. Doch die Präsentation des Richters als fauler Millionär ist eine (zugegeben schöne) Illusion.

»Mein Name ist Burn-out, Richter Burn-out«

Viele Richter lieben die 35-Stunden-Woche. Sie lieben sie so sehr, dass sie sie gleich zweimal wöchentlich ableisten.

Ich mochte die Sonntage im Landgericht Düsseldorf. Ich fing erst um 9 Uhr mit der Arbeit an, machte um 13 Uhr eine Mittagspause und aß zu Mittag mit ein paar Kollegen, die wie ich auch sonntags regelmäßig im Gericht arbeiteten. Um 14 Uhr saß ich wieder im Büro und machte weiter. Aber nur bis 18 Uhr. Dann ging ich »schon« in den Feierabend. Ganz anders als an den übrigen sechs Wochentagen: Da begann ich zwischen 7:30 und 8 Uhr. Ich arbeitete bis 12:30, machte eine Mittagspause bis 13:30 und arbeitete bis 22 Uhr weiter. Manchmal gönnte ich mir eine Kaffeepause gegen 16 Uhr. Dieser Wochenplan mit über 80 Arbeitsstunden hat sich damals bewährt. Nach vier Monaten war mein Aktenbestand nicht mehr angestiegen. Nach zwei weiteren Monaten sogar von 280 Akten auf 260 gesunken.

Deutsche Gerichte und Staatsanwaltschaften sind seit Jahren überlastet. Vor allem (aber nicht nur) junge Richter arbeiten weit mehr als die vorgesehenen 41,5 Stunden wöchentlich. Mir sind zahlreiche Kollegen bekannt, die über einen längeren Zeitraum mehr als 60 Stunden wöchentlich gearbeitet haben, einige bis zu 80 Stunden. An sieben Wochentagen jeweils zwölf Stunden. Wenn einige Richter behaupten, so etwas gebe es gar nicht oder nur ganz selten, liegt dies daran, dass diese Richter sich zu fortgeschrittener Stunde nicht mehr im Gericht, sondern längst im (mehr oder weniger verdienten) Feierabend befinden. Sie können nicht beurteilen, ob ihre bemitleidenswerten Kollegen weiterhin im Büro über den Akten sitzen. Auch die Behauptung, diese Belastung sei noch gar nichts im Vergleich zu Großkanzleiarbeitszeiten, stammt offensichtlich von Personen, die selbst nie in einer Großkanzlei gearbeitet haben. Denn viele meiner Kollegen mit Großkanzleierfahrung wissen, dass die Arbeitsbelastung dort zwar hoch ist, aber nicht 80 Wochenstunden über einen längeren Zeitraum ausmacht. Ganz davon abgesehen, dass die Großkanzleien diese Arbeitszeiten entsprechend honorieren.

Es ist erschütternd, wie meine Kollegen versuchen, die hohe Belastung zu bewältigen. Mir sind mehrere Fälle bekannt, in denen Kollegen auf eine halbe oder eine Dreiviertelstelle gewechselt sind, unter entsprechender Einbuße der Besoldung. Sie haben mit derselben Arbeitszeit weitergearbeitet, als hätten Sie eine volle Stelle. Was das bringen soll? Nun, der Zweck ihres Vorgehens war, dass ihnen entsprechend dem Arbeitskraftanteil weniger Verfahren zur Bearbeitung zugewiesen werden. Stellen sie sich vor, ein Kollege mit voller Stelle erhält 30 Fälle im Monat zur Bearbeitung. Dann erhält ein Kollege mit halber Stelle nur 15 Fälle zugewiesen. Doch die Rechnung meiner Kollegen ging oft nicht auf: Falls die Belastung an einem Gericht besonders hoch ist, können einem Kollegen mit halber Stelle ebenso viele Verfahren zugewiesen werden wie einem Kollegen mit voller Stelle an einem weniger belasteten Gericht. Die zum

Teil extreme Belastung und die unterschiedlichen Belastungen der Richter haben verschiedene Ursachen. Sie sind zum einen Folge einer katastrophalen Einstellungspolitik, zum anderen das Ergebnis unorganisierter Gerichtsverwaltungen und schließlich einer verfehlten Geschäftsverteilung innerhalb der einzelnen Gerichte.

Wann du überlastet bist, bestimme ich!

Stellen Sie sich bitte zwei Firmen vor, die Brücken bauen: Firma Müller ist darauf spezialisiert, Autobahnbrücken über große Flüsse wie den Rhein oder die Elbe zu bauen. Sie benötigt für eine Brücke 1000 Stützpfeiler. Firma Schmidt baut Brücken für Fußgänger und Radfahrer über kleine Bäche. Sie benötigt dafür 50 Stützpfeiler. Also braucht eine Brücke durchschnittlich 525 Stützpfeiler (1000 Stützpfeiler + 50 Stützpfeiler : 2). Würden Sie über eine Autobahnbrücke fahren, die von der Firma Müller über den Rhein gebaut wird, wenn diese dafür nur noch 525 Stützpfeiler verwenden darf? Natürlich nicht. Die Brücke würde kaum sicher sein und schnell zusammenbrechen. Aber genau so arbeiten die deutschen Gerichte.

Die Wurzel allen Übels heißt Pebb§y. Pebb§y steht für Personalbedarfsberechnungssystem. Man beachte den geistreichen Austausch des Buchstaben »s« durch ein Paragrafenzeichen. An Kreativität kaum zu überbieten. Pebbsy (ich verwende im Folgenden diese Schreibweise, das System ist bereits an sich lächerlich genug auch ohne das §-Zeichen) ist ein System zur Ermittlung des Personalbedarfs für deutsche Justizbehörden. Die Justiz beauftragte eine Wirtschaftsberatungsgesellschaft damit, ein seriös wirkendes Verfahren zur Personalbedarfsermittlung zu entwickeln. Der Auftrag ging an eine Firma, die von der Arbeit eines Richters oder Staatsanwalts noch weniger Ahnung hat als die Justizministerien selbst – es war schwer, ein sachkundiges Unternehmen zu finden. Ziel des Auftrags war zu »beweisen«, dass für die bei Gerichten und Staatsanwaltschaften anfallende Arbeit zu viele Richter, Staatsanwälte und Rechtspfleger vorhanden sind. Damit hätten die Landesregierungen einen großen Stellenabbau rechtfertigen können. Hierzu ging die beauftragte Beratungsgesellschaft folgendermaßen vor:

An einigen ausgesuchten Gerichten notierten die Richter in jeder Akte, wie viele Minuten sie für die Bearbeitung benötigten. Dabei wurde unterschieden zwischen einzelnen Verfahrensarten, also zum Beispiel Strafverfahren und Zivilverfahren, aber auch nach dem jeweiligen Inhalt des Verfahrens, also etwa, ob es sich um einen Kaufvertrag oder einen Verkehrsunfall handelte. Die hierbei gewonnenen Stundenzahlen wurden später ausgewertet und für einzelne Verfahren ein Durchschnittswert ermittelt.

Ein Beispiel: Nehmen wir an, in einem ländlichen Bezirk – zum Beispiel dem des Landgerichts Kleve – verbaut ein Dachdecker beschädigte Ziegel in einem Dach. Beim nächsten Wolkenbruch tropft es durch das Dach in die darunterliegende Wohnung. Der Bauherr klagt, man einigt sich vor Gericht nach 15 Minuten Verhandlung auf Zahlung von Schadensersatz in Höhe von 7 500 Euro. Alle sind zufrieden. Insgesamt benötigte Arbeitszeit des Richters mit Vorbereitung der Akte: 100 Minuten.

Nehmen wir weiter an, in einem städtischen Bezirk, wie dem des Landgerichts Düsseldorf, wird die Statik eines Hochhauses fehlerhaft berechnet. Das Hochhaus stürzt ein. Der Bauherr klagt. Nach umfangreicher Beweisaufnahme kommt es nach vier Jahren zu einem Urteil. Insgesamt benötigte Arbeitszeit des Richters: 2500 Minuten.

Also benötigt ein Richter für ein Bauverfahren durchschnittlich 1300 Minuten Arbeitszeit (100 Minuten + 2500 Minuten : 2). Es liegt auf der Hand, dass damit die für Bauverfahren benötigte Arbeitszeit in bestimmten Gerichtsbezirken zu hoch und in anderen Bezirken zu gering bewertet wird. Trotzdem wird auf der Grundlage der so ermittelten Zahlen der Personalbedarf für die einzelnen Gerichte berechnet. Wenn etwa im Landgerichtsbezirk Wuppertal im Jahr 200 Bauverfahren anfallen und ein Richter für ein Bauverfahren nach der Pebbsy-Ermittlung durchschnittlich 1300 Minuten benötigt (vom Eingang der Klage bis zum Urteil), dann multipliziert man 1300 Minuten x 200 Fälle = 260 000 Minuten. Dieselbe Berechnung führt man auch für alle anderen in dem Gericht anfallenden Verfahren durch. Dann werden die für die einzelnen Verfahrensarten berechneten Zahlen zusammenaddiert. Diese Zahl wird nun durch die von einem Richter geschuldete Arbeitszeit geteilt. In Nordrhein-Westfalen beträgt die geschuldete Arbeitszeit 105 000 Minuten pro Richter. Nun weiß man, wie viele Richterstellen in einem Gericht benötigt werden. Jedenfalls theoretisch. In der Praxis sind diese Zahlen – ebenso wie in dem Beispiel mit dem Brückenbau – nicht das Papier wert, auf dem sie geschrieben sind. Diese Art der »Berechnung« führt dazu, dass ganze Gerichte unter der Arbeitslast zusammenbrechen.

Darüber hinaus geht das Pebbsy-System davon aus, dass die Wochenarbeitszeit eines Richters allein zur Bearbeitung der Verfahren zur Verfügung steht. Das ist leider nicht der Fall. Richter versehen viele zusätzliche Aufgaben, da kaum noch Personal in den Gerichten zur Verfügung steht, zum Beispiel:

- Urteile und Beschlüsse schreibt der Richter selbst, da Protokollführer und Schreibkräfte weitgehend abgeschafft wurden,
- der Zu- und Abtrag der Akten erfolgt durch den Richter häufig persönlich, weil Justizwachtmeister eingespart werden,
- Kopien fertigen und Faxe senden übernimmt der Richter selbst, wenn zu wenige Geschäftsstellen zur Verfügung stehen,
- ein Kollege berichtete mir, er würde sogar Ladungen an Zeugen und Parteien persönlich zustellen, wenn die Zustellung mit den Postdienstleistern nicht funktioniere.

Das Pebbsy-System ist übrigens ein Reinfall auf ganzer Linie – auch für die Landesregierungen. Nicht nur, dass es zur Ermittlung des Richterbedarfs eines Gerichts nicht taugt. Zum Bedauern der Regierungen ergab sich nach der Pebbsy-Erhebung auch noch, dass Gerichte und Staatsanwaltschaften erheblich unterbesetzt sind. Etwa 2000 Richter und Staatsanwälte fehlen demnach in Deutschland. Das hatten sich die Landesregierungen aber so nicht vorgestellt. So gab man sich auch zunächst alle Mühe, die Zahlen zu beschönigen. Als sich nach einer Pebbsy-Erhebung im Jahr 2008 am Landgericht Düsseldorf Wochenarbeitszeiten der Richter von mehr als 50 Stunden ergaben, wurde diese Stundenzahl – so teilte man es den verdutzten Richtern in einer Präsentation mit – gekürzt auf eine »plausible« Stundenzahl. Denn eine Wochenarbeitszeit von mehr als 50 Stunden sei für einen Richter »unplausibel«.

Das ist doch großartig, oder? Hoffentlich berät die Gesellschaft nie beim Brückenbau. Falls Brückenkonstrukteure

1000 Stützpfeiler benötigen, dies aber auf die Berater »unplausibel« wirkt, würde einfach auf die Anzahl Pfeiler gekürzt, die »plausibel« erscheint. Wenn auf diese Weise je eine Brücke errichtet wird, dann sollten die Mitarbeiter der Beratungsgesellschaft die Ehre haben, die Brücke als Erste zu überqueren. Hand in Hand mit den zuständigen Mitarbeitern der Justizministerien.

Pebbsy bietet die Möglichkeit, einige unschöne Zahlenwerte zu »berichtigen«. Hiervon wurde auch bereits mehrfach seit Erhebung der Zahlen Gebrauch gemacht. Ein paar Minuten hier, ein paar Minuten da, und schon stimmt die Statistik wieder, und die Gerichte sind doch nicht überlastet.

Eine weitere Folge der fehlerhaften Berechnung des Richterbedarfs nach Pebbsy ist, dass einige Gerichte überbesetzt und andere erheblich unterbesetzt sind. Das ist an den unterschiedlichen Bestandszahlen der jeweiligen Gerichte gut zu erkennen. Beispielsweise galt in dem Landgerichtsbezirk Duisburg im Kollegenkreis eine Zivilkammer jahrelang als hochbelastet, wenn sie mehr als 400 laufende Verfahren bearbeiten musste. Im benachbarten Landgerichtsbezirk Düsseldorf sprachen Kollegen erst dann von einer hochbelasteten Kammer, wenn diese mindestens 700 laufende Verfahren im Bestand hatte.

Bei der Erstellung des Pebbsy-Systems mitzuhelfen, war einer der dümmsten Fehler der deutschen Richterschaft. Richter erschaffen mit Zeit, die sie nicht haben, ein System, das sie nicht wollen, um einer Regierung zu helfen, die sie nicht unterstützt. Kennen Sie den Spruch »*Nur die dümmsten Kälber wählen ihre Schlächter selber*«? Diese Dummheit hat die deutsche Richterschaft noch übertroffen. Sie hat ihre Schlächter nicht nur selbst gewählt, sondern ihnen auch noch die Schlachtermesser gewetzt und in die Hand gegeben. Chapeau!

Ach, der Richter wird pensioniert? Ja, Herr Präsident.

Auf das Pebbsy-Grundproblem treffen völlig überforderte Gerichtsverwaltungen, deren schlechte Ausbildung und fehlende Begabung bereits beschrieben wurden. Unkenntnis und Unfähigkeit im Bereich der Personalverwaltung wirken sich zum Beispiel dann aus, wenn ein Richter pensioniert wird, die Elternzeit antritt oder in eine andere Behörde wechselt. Obwohl der Gerichtsverwaltung mehrere Wochen oder Monate (im Pensionierungsfall sogar mehrere Jahre!) im Voraus bekannt ist, dass ein Kollege das Gericht verlassen wird und ersetzt werden muss, bleibt eine lückenlose Neubesetzung seiner Stelle die Ausnahme. So blieb in einem Amtsgericht ein Strafrichterdezernat in Folge eines Personalwechsels, der mehr als drei Monate zuvor bekannt war, für einen Zeitraum von sechs Wochen unbesetzt. Während dieser Zeit musste das Dezernat vertreten werden. Der Vertreter hatte in dieser Zeit die Wahl, entweder sein eigenes Dezernat zu vernachlässigen oder aber das Dezernat des (zukünftigen) Kollegen. Ein Strafrichter beim Amtsgericht verhandelt in einer Woche durchschnittlich etwa zwölf Verfahren, also in sechs Wochen 72 Verfahren. Das sind etwa ebenso viele Verfahren wie zwei bis drei Strafkammern des Landgerichts mit jeweils drei Richtern, also insgesamt sechs bis neun Landrichter, in einem ganzen Jahr verhandeln. Diese 72 Verfahren konnten in der Zeit nicht verhandelt, Schuldige nicht bestraft, Unschuldige nicht freigesprochen werden. Die Landgerichtsverwaltung hätte ohne Weiteres einen neuen Kollegen zum Amtsgericht schicken können. Der Kollege war verfügbar und wartete nur darauf, zum Amtsgericht zu wechseln. Nur hatte man sich beim Landgericht noch nicht überlegt, wer den Kollegen dort ersetzen sollte. Der Kollege bearbeitete ein winziges Dezernat in einer Zivilkammer. Die Abwägung der Landgerichtsverwaltung ergab, dass die Bearbeitung dieser wenigen Zivilverfahren wichtiger sei als die Entscheidung von 72 Strafverfahren. Frei nach dem Wahlkampfmotto von Donald Trump: *Landgericht first!*

Vetternwirtschaft oder Geschäftsverteilung?

Zu dem untauglichen Pebbsy-System und den überforderten Gerichtsverwaltungen tritt ein weiterer Umstand, der die Richter innerhalb eines Gerichts im Verhältnis zueinander auffallend unterschiedlich belastet. Hierbei ist der Unterschied zwischen den Richtern der Zivilkammern und den Richtern der Strafkammern besonders groß. Richter einer hochbelasteten Strafkammer haben immer noch eine wöchentliche Arbeitszeit, von der die Kollegen in einer durchschnittlich belasteten Zivilkammer nur träumen können. Eine Kollegin, die selbst Mitglied einer im Verhältnis zu den übrigen Strafkammern des Landgerichts stark belasteten Strafkammer war, formulierte ihre damalige Arbeitsbelastung einmal mit den markigen Worten: *»Strafkammer ist Eierschaukeln auf hohem Niveau!«*

Woran liegt das? Die Geschäftsverteilung eines Gerichts ist Aufgabe des Präsidiums. Das Präsidium verteilt die Geschäfte, also zum Beispiel Zivilverfahren und Strafverfahren, auf die einzelnen Richter oder Spruchkörper, die Zivil- und Strafkammern. Durch diese Geschäftsverteilung ist schon bei Eingang eines neuen Verfahrens bei Gericht festgelegt, welcher Richter oder welche Kammer für das Verfahren zuständig ist. Damit wird das Recht auf den gesetzlichen Richter gewährleistet. Das Präsidium bestimmt aber auch, wie viele und welche Richter in einer bestimmten Kammer arbeiten. Die Mitglieder des Präsidiums werden von den Richtern eines Gerichts gewählt.

Schwierigkeiten entstehen vor allem dann, wenn bestimmte Kammern in einem Präsidium überrepräsentiert sind und sich Seilschaften bilden. In den Präsidien einiger Landgerichte sind zum Beispiel Strafkammern überrepräsentiert. Dieses Ungleichgewicht zu Lasten der Zivilrichter eines Landgerichts führt dazu, dass Strafkammern bei der Arbeitsverteilung und der Richterzuweisung erheblich bevorzugt werden. So bleiben etwa bei der Pensionierung oder der Elternzeit eines Kollegen die Dezernate in einigen Zivilkammern über Monate unbesetzt, während in den Strafkammern eine lückenlose Nachfolge gewährleistet ist. Mir ist ein Landgericht bekannt, in dem die Richter der Strafkammern regelmäßig am frühen Nachmittag und zum Teil nach ausgedehnten Frühstücks-, Mittagessen- und Kaffeerunden das Gericht verlassen, während die Kollegen in den Zivilkammern fleißig weiterschuften, in vielen Fällen bis in die Nacht hinein. Arbeitszeiten bis 21 Uhr sind keine Seltenheit. Nun ist es schon unkollegial genug, sich auf Kosten der Kollegen ein angenehmes Leben zu machen. Ekelhaft wird es jedoch, wenn man sich über die Situation der Kollegen zusätzlich lustig macht. Als einige Zivilkammern des entsprechenden Gerichts ihre Überlastung anzeigten und um Hilfe baten, lästerten manche Strafkammermitglieder unverhohlen in der Kantine über diese Kollegen. Sie seien eben der Aufgabe nicht gewachsen und hätten den Zustand ihrer Kammern selbst zu verantworten. In einem solchen Fall ist große Selbstbeherrschung wichtig. Keinesfalls darf man dem Verlangen nachgeben, den feixenden »Kollegen« eine fünfbändige Zivilakte ans Bein zu binden und sie im Rhein zu versenken.

Bloß nicht krank werden!

Für die meisten Richter ist Krankheit eine heikle Sache. Sie denken jetzt bestimmt: »Ja und für die meisten anderen Menschen auch!« Stimmt, eine Erkrankung ist für niemanden angenehm. Aber wenn ein Richter zwei Wochen arbeitsunfähig ist, erwartet ihn bei seiner Rückkehr in den Dienst ein unerledigter Aktenberg. Die Verfahren, die ihm einmal zugeteilt worden sind, bearbeitet kein anderer Richter in seiner Abwesenheit. Hätte der Richter in den zwei Wochen insgesamt 25 Strafverfahren verhandelt und entschieden, muss er diese 25 Strafverfahren zusätzlich bearbeiten. Dies gilt auch für neue Strafverfahren, die während seiner Krankheit bei Gericht eingehen. So absurd die Vorstellung für einige Berufe ist (man stelle sich vor, die Patienten eines erkrankten Arztes würden nicht weiterbehandelt werden), so alltäglich ist sie im Richterberuf. Viele Richter, die krankgeschrieben sind, gehen deshalb trotzdem in ihr Büro, nehmen sich einen Aktenstapel mit nach Hause und arbeiten so gut es ihnen möglich ist weiter. Dass dieses Verhalten die Genesung nicht unbedingt fördert, liegt auf der Hand.

Übrigens muss der Richter auch die neuen Verfahren zusätzlich bearbeiten, die während seines Urlaubs eingehen. Sie können sich vorstellen, wie kurz der Erholungseffekt eines Urlaubs anhält.

Darüber hinaus hat eine Erkrankung in vielen Bundesländern sogar finanzielle Nachteile für einen Richter. Jedenfalls dann, wenn er ärztliche Hilfe benötigt. Denn viele Bundesländer erheben eine sogenannte Kostendämpfungspauschale, einen (pauschal) festgelegten Eigenanteil, den der beihilfeberechtigte Richter für sich und seine beihilfeberechtigten Angehörigen tragen muss. Es ist etwa das Gleiche wie der Selbstbehalt bei der Kaskoversicherung. Für Richter des Landes Nordrhein-Westfalen mit der Besoldungsstufe R1 beträgt dieser Anteil jährlich 300 Euro gemäß § 12a Beihilfeverordnung NRW. Auch hier haben Richter aus Bayern gegenüber ihren nordrhein-westfälischen Kollegen einen finanziellen Vorteil. In Bayern wird keine Kostendämpfungspauschale erhoben, ebenso wenig in den Ländern Brandenburg, Hessen, Mecklenburg-Vorpommern, Niedersachsen und Thüringen.

Die infolge der beschriebenen Umstände hohe Belastung meiner Kollegen über einen längeren Zeitraum ist nicht folgenlos. Sehr viele Richter stehen unter einem immensen psychischen Stress. Dieser führt zu einem Anstieg psychischer und körperlicher Erkrankungen bis hin zur frühzeitigen Pensionierung. Zahlreiche Kollegen haben körperliche und psychische Erkrankungen, bei denen Stress die Ursache ist: Antriebsschwäche, erhöhte Reizbarkeit, zunehmende Gleichgültigkeit sowie Magen-, Darm- und Hauterkrankungen. Immer wieder quittieren Richter den Dienst schon während der Probezeit, weil die Arbeitsbelastung zu hoch ist. Sie quält das unbefriedigende Gefühl, niemals fertig zu werden, ganz gleich, wie viel sie arbeiten.

Mehrere junge Kollegen sprachen mit mir über diese Situation. Nicht wenige teilten mir ihre Absicht mit, den Dienst zu quittieren, weil ihnen die Belastung zu hoch sei. Darunter waren viele Richter, die zuvor ein oder mehrere Jahre in einer Großkanzlei gearbeitet hatten und denen daher lange Arbeitszeiten nicht fremd waren. Ein junger Kollege sagte mir, er habe das bedrückende Gefühl, *»stets dem Zug hinterherzulaufen, aber ihn doch nie einzuholen«.* Ich versicherte ihm, dass es mir genauso gehen würde – seit einiger Zeit schon. Er war erstaunt und wollte wissen, wie ich damit umgehe. *»Ich habe Spaß am Laufen!«*, antwortete ich augenzwinkernd. Doch etwa zwei Jahre später war auch mir der Spaß vergangen. Ich arbeitete täglich und oft auch am Wochenende so lange im Gericht, dass ich meine einjährige Tochter nur noch schlafend sah. Wenn ich morgens die Wohnung verließ, schlief sie noch. Wenn ich spätabends nach Hause kam, schlief sie schon wieder. Nur aus Erzählungen meiner Frau und aus Fotos, die sie mir schickte, erfuhr ich, wie sich meine kleine Maus entwickelte. Meine Frau sagte einmal scherzhaft, ich solle mir keine Sorgen machen, sie werde unserer Kleinen einfach ein Foto von mir hinstellen, damit sie weiß, wer ich bin.

Let's talk about money!

Lassen Sie uns jetzt über Geld sprechen! Warum? Weil Geld in jedem Arbeitsverhältnis ein wichtiges – vielleicht das wichtigste – Zeichen der Wertschätzung ist. An der Höhe der Besoldung seiner Richter können Sie erkennen, welchen Wert ein Staat ihnen und damit der Rechtsprechung beimisst. Ich nehme das Ergebnis vorweg: Der deutsche Staat schätzt seine Richter sehr gering.

Hier eine Geschichte aus meinem Kollegenkreis:

Thomas und Markus hatten gemeinsam studiert und den Referendardienst bei demselben Landgericht abgeleistet. Das zweite Staatsexamen gelang Thomas ein wenig besser als Markus. Thomas war Richter in Nordrhein-Westfalen geworden, Markus Rechtsanwalt in einer Großkanzlei. Nach fünf Jahren waren beide verheiratet, Thomas bereits Vater, und auch Markus' Ehefrau erwartete ein Kind.

Nun fassten beide zeitgleich den Entschluss, ein Haus in Düsseldorf zu erwerben. Thomas stellte sehr schnell fest, dass man von seinem Richtergehalt und dem Richtergehalt seiner Ehefrau ein Haus in Düsseldorf nicht finanzieren kann. Auch keine Doppelhaushälfte. Markus hatte in fünf Jahren bereits so viel verdient, dass er – obwohl Alleinverdiener der Familie – ein schönes Haus in Düsseldorf nicht nur finanzieren, sondern bereits zur Hälfte abbezahlen konnte.

Die Höhe des Richtereinkommens wird maßlos überschätzt. In vielen Köpfen sind solche Bilder aus Krimiserien wie dem *Tatort* fest verankert: der Richter in seiner Stadtvilla mit teurem Sportwagen beim Golfabschlag zur Mittagszeit. Ich kenne das leider nicht. Obwohl ich Richter bin. Und meine Ehefrau ebenfalls. Nach landläufiger Meinung müssten wir eigentlich im Geld schwimmen, oder? Aber momentan wohnen wir in einer kleinen Doppelhaushälfte, und ich fahre einen fünf Jahre alten Opel Zafira,[32] den Ratenkredit für Haus und Auto zahlen wir brav ab. Ach ja: Golf spiele ich auch nicht. Immer wenn ich den Satz höre: »*Als Richter verdienst du aber verdammt viel!*«, frage ich, wie viel denn »verdammt viel« sei. Regelmäßig werden dann Beträge von 10 000 Euro monatlich (netto!) und mehr genannt. Wenn ich dann erkläre, dass ich mit fast zwölf Jahren Berufserfahrung monatlich 3998 Euro netto verdiene, hiervon die private Krankenversicherung von 261 Euro abgezogen werden muss und damit ein Betrag von 3737 Euro verbleibt,[33] sind meine Gesprächspartner – was ich sehr sympathisch finde – entsetzt.

Die Richterbesoldung ist kein Geheimnis. Richtergehälter sind wie Beamtengehälter in sogenannten Besoldungstabellen festgeschrieben, die öffentlich – auch im Internet – einsehbar sind. Für alle Richter im Landesdienst (insbesondere also Richter am Amtsgericht, am Landgericht und am Oberlandesgericht) sind die Besoldungstabellen des jeweiligen Bundeslandes maßgeblich. Die Richterbesoldung fällt daher von Bundesland zu Bundesland sehr unterschiedlich aus. Dies ist erst seit dem Jahr 2006 so. Bis dahin war die Richterbesoldung für alle Richter im Bundes- und Landesdienst einheitlich geregelt im Bundesbesoldungsgesetz (BBesG). Doch als Folge der Föderalismusreform wurde die Zuständigkeit für die Besoldung der Richter im Landesdienst auf die Länder übertragen. Die Länder haben von ihrer Gesetzgebungskompetenz erheblich voneinander abweichend Gebrauch gemacht. Zum Stichtag 31. Dezember 2016 verdiente ein Richter mit 27 Jahren in Bayern als Berufsanfänger 4235,14 Euro brutto monatlich und im Saarland lediglich 3347,59 Euro brutto. Ein Unterschied von 887,55 Euro brutto monatlich, also 10 650,60 Euro brutto im Jahr! Die unterschiedliche Besoldung führt zu einer Konkurrenz der Bundesländer um junge Juristen. Da teilweise sogar Berufsanfänger nach ein bis zwei Jahren Richterdienst das Bundesland wechseln, um mehr zu verdienen, wird von »Richterklau« gesprochen.

Der folgenden Besoldungstabelle für Nordrhein-Westfalen können Sie entnehmen, wie hoch das Gehalt eines Richters tatsächlich ist. Zu der Besoldungsgruppe R1 gehören die Richter am Amtsgericht und die Richter am Landgericht. Zu der Besoldungsgruppe R2 zählen Vorsitzende Richter am Landgericht, Richter am Oberlandesgericht und Amtsgerichtsdirektoren.

Die Zahlen 2 bis 12 stellen die Erfahrungsstufen dar.

€	2	3	4	5	6	7
R1	4358,44	4456,03	4707,81	4959,64	5211,41	5463,22
R2		5058,78	5310,56	5562,37	5814,20	6066,00

€	8	9	10	11	12
R1	5715,03	5966,82	6218,64	6470,40	6722,25
R2	6317,78	6569,60	6821,39	7073,19	7324,95

(Zur besseren Einordnung gebe ich Ihnen ein Beispiel. Ein Richter am Amtsgericht – wie ich – fällt unter die Besoldungsgruppe R1. Mit elf Jahren Berufserfahrung verfügt er – sofern er keine weiteren anrechenbaren Zeiten hat – über die Erfahrungsstufe 5. Damit verdient er monatlich 4959,64 Euro brutto.)

Um ein Gefühl für die übliche Richterbesoldung in anderen europäischen Ländern zu erhalten: Ein Richter in den Niederlanden hat als Berufsanfänger ein Jahresgehalt von 74 000 Euro brutto, basierend auf einer 36-Stunden-Woche. Ein Richter in Deutschland (Land Nordrhein-Westfalen) hat ein Jahresgehalt von 52 301,28 Euro basierend auf einer 41-Stunden-Woche. Hieraus ergibt sich ein Stundenlohn für einen niederländischen Richter in Höhe von 39,53 Euro brutto. Sein deutscher Kollege verdient nur ca. 62 Prozent hiervon, nämlich 24,53 Euro brutto die Stunde.

Und dieser Unterschied wird immer größer mit steigender Berufserfahrung: Ein niederländischer Richter mit fünf Jahren Berufserfahrung verdient im Jahr ca. 84 000 Euro brutto, sein deutscher Kollege etwa 53 500 Euro. Das ergibt einen Stundenlohn von etwa 45 Euro brutto für den niederländischen Richter. Der Stundenlohn seines deutschen Kollegen ist mit etwa 25 Euro brutto nur noch etwa halb so groß (55 Prozent).

Nur noch demoralisierte Frauen?

Eine anerkannte Folge der Unterbezahlung ist der Anstieg der Frauenquote bei der Richtereinstellung. Mittlerweile werden mehr Frauen als Männer in den Richterdienst eingestellt. Angesichts der immer noch tradierten Rollenbilder arbeiten Richterinnen meistens halbtags, um die Kinder zu betreuen, und sind für einen längeren Zeitraum in Elternzeit. Dies auch deshalb, weil ihr Gehalt im Vergleich zu dem Einkommen des Ehemanns regelmäßig das erheblich geringere Gehalt ist. Bereits 2014 berichtete die *Rheinische Post*, dass die Bewerber auf Richterstellen im Bezirk des OLG Hamm zu 80 Prozent weiblich sind.[34] Droht eine Verweiblichung der Justiz? Werden die Gerichte feminisiert? Ja, das werden sie. Aber das ist grundsätzlich überhaupt nicht schlimm. Ich kenne mehr gute Richterinnen als gute Richter. Viele befürchten, dass eine *Verweiblichung* der Justiz auch zu einer *Verweichlichung* der Justiz führt. Diese Befürchtung teile ich nicht. Um es ganz drastisch auszudrücken: Auf jede Richterin, die »keine Eier« hat, kommen mindestens zwei Richter, die auch keine Eier haben. Bei Behördenleitern soll die Quote sogar noch höher sein.

Eine andere Folge der Unterbezahlung ist jedoch tatsächlich besorgniserregend. Richterinnen werden demoralisiert. Es gibt wenig, was einen Menschen noch stärker in seinem Beruf demoralisiert als ein zu geringes Einkommen. Die meisten Richterinnen und Richter, die nicht mit einem Menschen liiert sind, der den Löwenanteil des Familieneinkommens nach Hause bringt, verdienen gerade genug, um nicht den Dienst zu quittieren. Solchen Menschen wird künftig immer mehr von privaten Unternehmen, insbesondere Groß- und größeren Mittelstandskanzleien, eine faire Chance geboten werden. Und es wird immer mehr Richter geben, die eine solche Chance ergreifen.

Was viele Kollegen zurzeit noch davon abhält, in einem Beruf tätig zu bleiben, der keine finanzielle Zufriedenheit verschafft, ist das Gefühl der Sicherheit eines regelmäßigen Einkommens und einer gesicherten Pension. Sobald Richtern bewusst (gemacht) wird, dass sie auch eine andere Tätigkeit ausüben können, die ihnen nicht nur die finanzielle Sicherheit gibt, ihre Familie zu ernähren, sondern auch finanzielle Zufriedenheit verschafft, werden viele Kollegen diese Alternative wählen. Die Gefahr steigt mit der Anzahl junger Kollegen, die einer Generation entstammen, bei der das Sicherheitsbedürfnis weniger Gewicht hat als das Bedürfnis der Zufriedenheit.

Was ist mit Überstunden?

Das Richtergehalt ist ein fixes Gehalt. Richter verdienen immer das gleiche Gehalt, egal ob sie ihre Arbeit in den je nach Bundesland angesetzten 40 bis 42 Stunden erledigen oder hierfür 70 Stunden brauchen. Überstunden – und davon gibt es im Richterdienst eine Menge – werden nicht vergütet. Dasselbe gilt für Sonderarbeitszeiten. Hierunter fallen insbesondere die Eildienste. Amtsgerichte haben während der Woche und am Wochenende einen Eildienst eingerichtet. Am Amtsgericht Dinslaken, an welchem ich tätig bin, gewährleisten neun Richter einen Eildienst außerhalb der regelmäßigen Wochenarbeitszeit also von 6 bis 8 Uhr und von 15:30 bis 21 Uhr, am Wochenende zwischen 6 und 22 Uhr. Innerhalb dieser Zeit ist der jeweilige Eildienstrichter zuständig für den Erlass von Haftbefehlen, den Gewahrsam nach dem Polizeigesetz sowie für Unterbringungen und Fixierungen nach dem Gesetz über Hilfen und Schutzmaßnahmen bei psychischen Krankheiten (PsychKG), ferner für den Erlass von Abschiebesicherungshaftbefehlen. Alle diese Sonderarbeitszeiten werden den Amtsrichtern nicht vergütet. Es gibt auch keine zusätzlichen Urlaubstage als Ausgleich für diese Mehrbelastung.

Veranschaulicht am Beispiel des Amtsgerichts Dinslaken bedeutet das: Meine Kollegen und ich haben jede sechste Woche 65 Stunden Bereitschaftsdienst, und das neben unserer Wochenarbeitszeit von 40 Stunden. Das sind insgesamt 105 Stunden. Jede sechste Woche. Ohne einen einzigen Cent zusätzliche Vergütung. Ohne einen einzigen zusätzlichen Urlaubstag. Der Europäische Gerichtshof entschied übrigens im Februar 2018, dass der Bereitschaftsdienst eines Feuerwehrmannes, der sich zu Hause abends und an den Wochenenden bereithalten muss, als Arbeitszeit zu werten ist.[35] Dieses Urteil kümmert die Justizverwaltungen der Bundesländer herzlich wenig, es gibt sogar einige Schlauberger, die erklären, der Eildienst der Amtsgerichte würde schließlich insofern Berücksichtigung finden, als dass jedes Amtsgericht eine Viertelrichterstelle zusätzlich erhält, damit der Eildienst verrichtet werden kann. Nun fragen Sie sich vielleicht, wo der Zusammenhang besteht zwischen einer Viertelrichterstelle und nicht vergüteten Sonderarbeitszeiten am Wochenende. Hierauf habe ich leider noch keine Antwort gefunden. Die Viertelrichterstelle mehr je Amtsgericht bringt dem einzelnen Amtsrichter, dessen Wochenende im Eimer ist, nicht einen müden Cent oder einen freien Tag mehr.

Weihnachts- und Urlaubsgeld? Schön wär's ...

Unterhalten sich ein Firmensyndikus, ein Rechtsanwalt und ein Richter. Sagt der Syndikus: »Vom Weihnachtsgeld haben meine Frau und ich Urlaub auf den Malediven gemacht, und vom Rest habe ich meiner Frau eine Halskette gekauft.« Sagt der Anwalt: »Vom Weihnachtsgeld sind meine Frau und ich für drei Wochen nach Hawaii geflogen. Vom Rest habe ich meiner Frau einen Pelzmantel gekauft!« Sagt der Richter: »Vom Weihnachtsgeld habe ich meiner Frau und mir neue Winterpullover gekauft!« Der Syndikus und der Anwalt fragen erwartungsvoll: »Und was ist mit dem Rest?« Antwortet der Richter: »Den Rest haben mir meine Eltern dazugegeben.«

Der Witz ist schon einige Jahre alt und trifft auf die heutige Situation nicht mehr zu: Das Weihnachtsgeld ist für Richter des Landes Nordrhein-Westfalen zum 1. Januar 2017 nämlich insgesamt entfallen, oder vielmehr wurde es in die monatlichen Bezüge »integriert«. Zuvor wurde Weihnachtsgeld bis zum Jahr 2002 in Höhe von 84,2 Prozent der im Monat Dezember maßgebenden Bezüge gezahlt, in den Jahren 2003 bis 2005 in Höhe von 50 Prozent und von 2006 bis 2016 nur noch in Höhe von 30 Prozent.

Urlaubsgeld für Richter kennen die meisten Bundesländer – hierzu gehört (natürlich) auch Nordrhein-Westfalen – nicht.

Arme Rechtsanwälte

Das Argument »Rechtsanwälte verdienen auch nicht alle gut« wird immer wieder gern verwendet. Etwa neun von zehn der in Deutschland zugelassenen Rechtsanwälte arbeiten in kleineren und mittelständischen Kanzleien. Kleine Kanzleien zahlen ihren Berufsanfängern zwischen 3167 Euro und 3750 Euro brutto, mittelständische Kanzleien zwischen 4583 Euro und 5417 Euro brutto.[36] Damit liegt bereits das Brutto-Einstiegsgehalt eines Rechtsanwalts in einer mittelständischen Kanzlei zwischen 500 Euro und 1400 Euro über dem Einstiegsgehalt eines Richters. Schon hier zeigt sich, dass das Argument nicht viel taugt. Darüber hinaus darf auch nicht vergessen werden, dass Richter zu den besten 20 Prozent der Juristen ihres Jahrgangs gehören. Ein vergleichbar qualifizierter Rechtsanwalt, also insbesondere mit entsprechenden Noten in beiden juristischen Staatsprüfungen, verdient im Schnitt erheblich mehr als ein Richter. Das Einstiegsgehalt eines Rechtsanwaltes einer deutschen Großkanzlei beträgt gegenwärtig jährlich bis zu 140 000 Euro brutto. Das ist mehr als das Gehalt eines Oberlandesgerichtspräsidenten! Das oben erwähnte Argument überzeugt deswegen auch nicht mehr, als wenn ich sagen würde, die Spieler eines Fußballvereins in der Kreisklasse verdienen auch nicht so gut wie die Spieler einer Bundesligamannschaft.

Bestechlichkeit

Ich kann Sie beruhigen. Wenn Sie einmal die Wörter »Richter« und »Bestechung« bei Google eingeben, so finden Sie nur einen Fall, in dem ein deutscher Richter wegen Bestechlichkeit verurteilt wurde: Vor einigen Jahren verkaufte ein Richter der Justizverwaltung Niedersachsen Klausuren an Examenskandidaten.[37] Also noch nicht einmal ein Richter, der mit Rechtsprechungsaufgaben betraut war, sondern ein Richter der Gerichtsverwaltung, der als Referatsleiter im Justizministerium tätig war.

Ein Karrierist, der wegen Bestechlichkeit und Geheimnisverrats in elf Fällen zu einer Freiheitsstrafe von fünf Jahren verurteilt wurde.[38]

Wir dürfen also entspannt aufatmen: Die geringe Richterbesoldung frustriert Kollegen, sie schreckt Prädikatsjuristen bei der Berufswahl ab, sie entwertet den Richter und den Rechtsstaat – aber sie macht den Richter nicht bestechlich. Bisher.

Von Bienen, Ameisen und Antiquitätenhändlern

Das bei der Richterbesoldung eingesparte Geld wird aber auch nicht verwendet, um die weiteren in der Justiz tätigen Mitarbeiter, zum Beispiel die Geschäftsstellen und Justizwachtmeister, angemessen zu bezahlen und auszustatten. An einem stabilen Fundament wird in der Justiz auch sträflich gegeizt.

Emsige Bienen: Justizbeschäftigte

Kaum jemand will noch Justizbeschäftigter werden. Die Bewerberzahlen sind stark rückläufig. Deutschlandweit rollt eine Pensionierungswelle auf die Gerichte zu. Ich gestehe: Ich war versucht, in diesem Abschnitt die »copy and paste«-Variante – oder für die Älteren unter uns: die Markieren-Kopieren-Einfügen-Variante – zu nutzen. Denn vieles, was ich zu Beginn des Buches hinsichtlich des Richterberufs erläutert habe, gilt ebenso für den Beruf der Justizbeschäftigten. Überalterung, Unterbezahlung, fehlende Ausbildung. Und auch hier: Rechtsanwaltskanzleien schnappen der Justiz geeignete Bewerber vor der Nase weg, bieten insbesondere eine deutlich bessere Bezahlung.

Auch der Umgang der Verwaltung mit den Justizbeschäftigten ist nicht anständiger als der mit den Richtern: Die *FAZ* berichtete am 15. August 2012 von dem Schicksal der Justizangestellten Bianca K.:[39] Elf Jahre lang war sie beim Amtsgericht Köln mit insgesamt 13 befristeten Arbeitsverträgen beschäftigt. Dann wurde sie gemeinsam mit 14 Kollegen entlassen. Bianca K. klagte. Und brauchte sehr viel Geduld. Mehr als vier Jahre lang wogen die Arbeitsrichter den Fall ab und prüften, ob derartige Kettenarbeitsverträge zulässig sind oder nicht. Es ist mehr als beschämend für den Arbeitgeber Justiz, derart mit Menschen umzugehen. Doch das Wohlergehen ihrer Mitarbeiter wird in der Justiz und der Gerichtsverwaltung ohnehin gern vernachlässigt, was auch der folgende Abschnitt eindrucksvoll unter Beweis stellt.

Fleißige Ameisen: Justizwachtmeister

»Wahnsinn! Ist das die Jahresausbeute?« Ich machte große Augen: In der kleinen Kiste, die mir einer unserer Justizwachtmeister zeigte, lagen Teppichmesser, angespitzte Schraubenzieher, Klappmesser, Taschenmesser und Kreditkarten mit angeklebten Rasierklingen. Lauter Gegenstände, die unsere Wachtmeister bei der Eingangskontrolle den Leuten abgenommen hatten, die in das Gerichtsgebäude wollten. Zuschauer, Zeugen, Angeklagte. Der Wachtmeister lächelte und antwortete: »Nee, das ist die Ausbeute der letzten beiden Wochen.«

Justizwachtmeister ist vielleicht der wichtigste, mit Sicherheit aber der schlechtbezahlteste Beruf in der Justiz. Die meisten Wachtmeister haben Nebenjobs, damit sie ihre Familie ernähren können. Je nach Bundesland beträgt das Gehalt eines Justizwachtmeisters während des Vorbereitungsdienstes (sechs bis 18 Monate) durchschnittlich etwa 1135 Euro monatlich brutto, danach etwa 2155 Euro monatlich brutto. Zu seinen umfangreichen Aufgaben gehören der Transport von Akten und Büromaterial ebenso wie die Telefonvermittlung, auch schon mal die Zustellung wichtiger Gerichtspost, Hausmeistertätigkeiten, der Gefangenentransport im Gerichtsgebäude, vor allem aber die Gewährleistung der Sicherheit aller im Gebäude befindlichen Personen. Die von Richtern und Geschäftsstellen ebenso wie die von Zeugen, Verteidigern und Besuchern.

Während früher die Anwesenheit eines Justizwachtmeisters im Sitzungssaal üblich war, ist dies heute die Ausnahme, die nur angeordnet wird, wenn man Anhaltspunkte für eine gefährliche Situation hat. Einige Gerichte verzichten auf regelmäßige Einlasskontrollen. Derartige Sparmaßnahmen haben gefährliche Folgen. »Tötungsdelikt in Germersheim: Schlägerei im Gerichtssaal nach der Urteilsverkündung«,[40] »Gewalt im Gerichtssaal – Angeklagter prügelte Richter ins Krankenhaus«,[41] »Staatsanwalt im Gerichtssaal erschossen – Todesschütze von Dachau schrie: ›Scheiß Richter!‹«,[42] »Angriff im Gerichtssaal: Angeklagter verletzt Zeugin«.[43]

Kollegen berichten, die Wachtmeisterei ihrer Gerichte sei wegen Personalengpässen nicht immer besetzt, sodass es nach Betätigung des Notknopfes mehrere Minuten dauern würde, bis ein Wachtmeister im Gerichtssaal erscheine.[44] Unter diesen Bedingungen würde ich mich weigern, weiterhin den Vorsitz einer Sitzung zu führen, da ich für die Sicherheit der Personen im Sitzungssaal die Verantwortung trage. Aufgrund der vorbildlichen Justizwachtmeister in meinem Amtsgericht lebe ich verglichen mit vielen Kollegen anderer Gerichte im Luxus: Wenn ich Alarm im Gerichtssaal auslöse, was bereits mehr als einmal der Fall war, dann stehen in weniger als einer Minute (das ist keine Übertreibung) sämtliche Wachtmeister im Raum. Ich kann mich auf unsere Wachtmeister zu 100 Prozent verlassen!

Umso unverständlicher ist mir, wie die Gerichtsverwaltung unsere Wachtmeister behandelt. Hier ein kleines Beispiel: Als ich im Amtsgericht anfing, erfuhr ich, dass sich unsere Wachtmeister bereits seit längerer Zeit bemühten, stichsichere Westen zu erhalten. Sie schilderten der Gerichtsverwaltung mehrmals mündlich und schriftlich ihre Lage, wiesen auf die zahlreichen Messer und Stichwerkzeuge hin, die wöchentlich in der Eingangskontrolle sichergestellt wurden, und baten um Anschaffung sogenannter Stichschutzwesten. Eine Stichschutzweste kostet je nach Ausführung etwa 150 Euro. Angesichts der Gegenstände, die unsere Wachtmeister tagtäglich den Besuchern des Gerichtsgebäudes bei der Eingangskontrolle abnehmen, erschien mir dies eine äußerst sinnvolle Investition. Nicht jedoch der Gerichtsverwaltung. Es dauerte mehr als drei Jahre, bis endlich entsprechende Westen angeschafft wurden. Drei Jahre, in denen unsere Wachtmeister den Gerichtsbesuchern kiloweise Gegenstände abnehmen mussten, mit denen tödliche Stichverletzungen mit Leichtigkeit verursacht werden können. Die schlichte Denkweise der Gerichtsverwaltung: *»Bis jetzt ist ja nichts passiert!«* Hatten Sie schon mal einen Autounfall, bei dem sie verletzt wurden? Nein? Warum schnallen Sie sich dann an? Bis jetzt ist doch nichts passiert. Hat sich Ihr zweijähriger Sohn schon einmal mit einer Schere verletzt? Nein? Warum lassen Sie ihn dann nicht damit spielen. Bisher ist doch nichts passiert. Ich könnte jedes Mal in eine Akte beißen, wenn ich derartig schwachsinnige Argumente höre. Warum dann letztlich nach über drei Jahren doch noch Stichschutzwesten für unsere Wachtmeister angeschafft wurden, verstehe ich übrigens nicht. Es ist doch gar nichts passiert ...

Anstatt im Wachtmeisterbereich gründlich aufzustocken, geht die Justizverwaltung einen anderen Weg: Sie bietet vereinzelt Selbstbehauptungs- und Selbstverteidigungskurse für Richter und Staatsanwälte an. Leider stehen für jeden Oberlandesgerichtsbezirk nur wenige Fortbildungsplätze zur Verfügung. Aber vielleicht könnte man die privaten Handynummern der bereits fortgebildeten Kollegen wenigstens allen anderen Richtern mitteilen. Wenn es dann am Amtsgericht Mönchengladbach zu einem Angriff auf einen Richter kommt und aufgrund des Personalabbaus oder des hohen Krankenstands kein Wachtmeister zur Verfügung steht, kann die bereits im Nahkampf fortgebildete Kollegin am Amtsgericht Kleve per Handyanruf um Hilfe gebeten werden. Sie springt dann in ihren VW-Polo, legt die 100 Kilometer zum Amtsgericht Mönchengladbach zurück und kommt gerade noch rechtzeitig. Jedenfalls rechtzeitig genug, um den angegriffenen Kollegen ärztlich zu versorgen – oder wenigstens rechtzeitig, um dessen Tod festzustellen und den Tatort zu reinigen. Wenn schon auf ein Prädikatsexamen bei der Richtereinstellung verzichtet wird, sollten wenigstens Nachweise für Erfahrung im unbewaffneten Nahkampf gefordert werden. Etwa ein Trainerschein für Krav-Maga oder Wing Chun. Oder wenigstens eine Verurteilung wegen vorsätzlicher Körperverletzung.

Na gut, an Personalkosten wird also gespart, bis die Tränen (und manchmal auch Blut) fließen. Aber was ist mit der Ausstattung der Gerichte? Da kann doch nicht auch noch gegeizt werden, oder?

Ein Traum für Antiquitätenhändler

Justus war bereits seit drei Jahren als Rechtsanwalt tätig, als er sich entschied, in den Richterdienst einzutreten. An seinem ersten Tag im Landgericht musste er feststellen, dass in seinem Büro keine Gesetzestexte vorhanden waren. Er erkundigte sich bei der Gerichtsverwaltung. Dort sagte man ihm, dass erst zum Jahreswechsel neue Gesetzbücher bestellt werden können. »Wir haben Juni!«, entgegnete Justus. »Wie soll ich bitte ohne Gesetzbücher die nächsten sechs Monate arbeiten?« Er erhielt nur ein Schulterzucken als Antwort. Es blieb ihm nichts anderes übrig, als die von ihm benötigten Gesetzestexte von seinem ersten Gehaltsvorschuss zu bezahlen.

Veraltete Computer, veraltete Drucker, veraltete Fachliteratur. Die Ausstattung deutscher Gerichte ist auf der ganzen Linie mangelhaft. Mitunter führt die mangelhafte Ausstattung der Justiz zu peinlichen, sogar lächerlichen Situationen: Vor kurzer Zeit musste im Rahmen einer öffentlichen Sitzung die Aufzeichnung einer Überwachungskamera »in Augenschein« genommen werden – wie es in Juristendeutsch heißt. Die Polizei hatte die entsprechende Videoaufzeichnung gesichert und eine DVD mit der Aufnahme der Gerichtsakte beigefügt. Leider war der Computer in dem Gerichtssaal, der an diesem Tag zur Verfügung stand, nicht mit einem CD/DVD-Laufwerk ausgestattet, sodass die DVD nicht im Saal abgespielt werden konnte. Ich hatte vor einigen Jahren bereits auf dieses Problem hingewiesen und bei der Behördenleitung angeregt, ein externes DVD-Laufwerk an den PC anzuschließen. Der damalige Behördenleiter erklärte jedoch, dass die Anschaffungskosten hierfür (immerhin fast 30 Euro) zu hoch wären. Mir blieb in der Situation nichts anderes übrig, als den Gerichtssaal zu wechseln. Zum Glück hatte mein Kollege seine Sitzung in dem anderen Gerichtssaal, der über einen PC mit DVD-Laufwerk verfügt, mittlerweile beendet. Natürlich wechselte nicht nur ich den Gerichtssaal, sondern auch die Protokollführerin, die Staatsanwältin, der Angeklagte, der Verteidiger, zwei Zeugen und fünf Zuschauer. Dieser Umzug dauerte etwa 15 Minuten: Der Schlüssel für den Saal musste beschafft, das Computersystem in dem anderen Sitzungssaal hochgefahren und – zur Wahrung der Öffentlichkeit – eine Mitteilung an dem anderen Saal über die Verlegung der Sitzung angebracht werden. Lässt man die Zuschauer und den Angeklagten außer Acht, wurden durch diesen notwendigen Saalwechsel insgesamt 90 Minuten Arbeitszeit (6 Personen x 15 Minuten) verschwendet. Bei einem durchschnittlichen Stundenlohn von 20 Euro hätte sich die Anschaffung eines externen DVD-Laufwerkes bereits für diesen einen Termin gelohnt!

Häufig genug stehen nicht einmal die Standardkommentare der Gesetzestexte auf dem neuesten Stand zur Verfügung. In einigen Landgerichten ist es Sitte, dass fast ausschließlich Kammervorsitzende neue Gesetzeskommentare erhalten. Die veralteten Kommentare werden dann an den weiteren Planrichter in der Kammer weitergegeben. Der Planrichter gibt seinerseits die bereits veralteten Kommentare an den Proberichter der Kammer weiter. Über die »Sonderbehandlung« der Proberichter hatte ich bereits berichtet, oder?

Auch elektronisch können Richter nicht ausreichend auf juristische Datenbanken und Fachliteratur zugreifen. Wenn ich nach Urteilen, Aufsätzen und Kommentaren in der den Richtern in Nordrhein-Westfalen zur Verfügung gestellten Online-Datenbank suche, lautet die häufigste Meldung: *»Das gewünschte Dokument ist leider nicht von Ihrem Abonnement umfasst.«*

Ohnehin ist der Austausch von Wissen nicht unbedingt etwas, das Gerichtsverwaltungen großschreiben. Dies schreckt vor allem junge und zukünftige Generationen ab, die es gewohnt sind, jederzeit und überall nahezu unbeschränkt auf Wissen zugreifen zu können. Es wäre ein Leichtes, sämtliche in einem Gericht verkündete Urteile in einer gerichtsinternen Datenbank zu sammeln und allen Kollegen zur Verfügung zu stellen. Mir ist jedoch leider kein Gericht bekannt, das eine solche Wissensdatenbank konsequent umsetzt. Die Gerichtsverwaltungen drücken sich (auch) vor dieser Arbeit. Ihre Hauptausrede ist: Die Mehrzahl der Richter möchte nicht, dass ihre Urteile von Kollegen gelesen werden. Und ausgerechnet auf diese reine Befindlichkeit nehmen die Gerichtsverwaltungen Rücksicht? Ein Richter hat nämlich kein Recht, seinen Kollegen »sein Urteil« vorzuenthalten. Der Grund scheint auch nur vorgeschoben. Eher dürften die Gerichtsverwaltungen die mit dem Aufbau und der Pflege einer Datenbank verbundene Arbeit scheuen. Natürlich kostet es ein wenig Zeit und Mühe. Aber diese Investition würde die Arbeit der Richter immens erleichtern und beschleunigen. Hier zeigt sich wieder das bekannte Problem: Gerichtsverwaltungen betrachten es nicht als ihre Aufgabe, Richtern die Arbeit zu erleichtern.

Vielleicht fragen Sie sich jetzt: *»Haben die Richter denn keine Interessenvertreter, eine Art Gewerkschaft, die sich für sie einsetzt?«* Die kurze Antwort: Nein, es gibt leider keine engagierte Interessenvertretung, die sich für die berechtigten Interessen der Richter einsetzt, sondern den Deutschen Richterbund. Die lange Antwort erfahren Sie im nächsten Kapitel.

Kapitel 5

So tickt ein Richter

Gibt es überhaupt den typischen Richter? In den vergangenen zwölf Jahren habe ich etwa 250 Richter aus verschiedenen Amts- und Landgerichtsbezirken kennengelernt, überwiegend aus Nordrhein-Westfalen. Darunter großartige Kollegen, aber leider auch nicht wenige »Vollpfosten«. Wenn ich einen typischen Richter beschreiben müsste, so sind vier Eigenschaften – unabhängig von Alter und Geschlecht – für seinen Charakter kennzeichnend. Selbstverständlich kann ich kein Profil erstellen, das auf jeden einzelnen Kollegen zu 100 Prozent passt. Jedoch weisen nach meiner Beobachtung in den zurückliegenden zwölf Jahren neun von zehn Kollegen die im Folgenden beschriebenen typischen Eigenschaften auf. Mal in stärkerer und mal in schwächerer Ausprägung.

Fleißig oder bequem – oder beides?

Der soziale Hintergrund der meisten Richter ist sehr ähnlich. Nach dem Abitur – und bei älteren Jahrgängen dem Wehr- oder Zivildienst – erfolgt das etwa vier- bis fünfjährige Studium der Rechtswissenschaften und nach Bestehen des ersten Staatsexamens ein zweijähriges Referendariat. Wie bereits erläutert, zählen Richter (noch) zu den besten Juristen ihres Jahrgangs. Das hat einen guten Grund: Disziplin. Auch wenn einige Richterkollegen ein beeindruckendes juristisches Talent aufweisen, so kenne ich doch keinen einzigen Richter, der seine Prädikatsexamina allein oder überwiegend seinem Talent und nicht seiner Disziplin zu verdanken hat. Insbesondere die zweite juristische Staatsprüfung ist darauf angelegt, dass der Kandidat in einem sehr kurzen Zeitraum ein umfangreiches, im Studium und Referendariat erworbenes Wissen abrufen können muss. In der zweiwöchigen Klausurphase der zweiten juristischen Staatsprüfung sind acht Klausuren zu je fünf Zeitstunden zu schreiben. In diesen Klausuren muss der Examenskandidat »zeigen, was er kann«. Auf die Klausurphase bereitet sich der Prädikatsjurist etwa ein Jahr lang mit hoch konzentriertem und zeitintensivem Lernen vor. Kollegen schätzen ihre Lernzeit für die Examensprüfung auf 1500 bis 2000 Stunden. Disziplin ist daher eine typische Eigenschaft eines Prädikatsjuristen und somit auch eines Richters. Sie ist auch ein Grund dafür, weshalb viele Kollegen trotz schlechter Ausstattung und hoher Arbeitsbelastung bis über die Grenzen der eigenen Gesundheit hinaus ihren Richterdienst leisten.

Ferner ist sämtlichen Richterkollegen gemeinsam, dass sie sich für den Staatsdienst entschieden haben. Das ist eine bewusste Entscheidung gegen das Geld, das sie in einer Großkanzlei verdienen könnten, und eine bewusste Entscheidung für die finanzielle Sicherheit, die der Staatsdienst mit sich bringt. Viele Richter (ich bilde da keine Ausnahme) können und wollen sich gar nicht vorstellen, jeden Monat über die Höhe des Einkommens im Ungewissen zu sein, wie es die meisten deutschen Rechtsanwälte sind. Ebenso beruhigend wie das regelmäßige monatliche Gehalt ist das Gefühl einer gesicherten und ausreichenden Pension, wobei dieses Gefühl in Anbetracht der schludrigen Haushaltspolitik nicht weniger Bundesländer in letzter Zeit ein wenig schwindet.

Dieses Bedürfnis nach einem sicheren Einkommen resultiert aus einer weiteren typischen Charaktereigenschaft des Richters, nämlich einem hohen Maß an Bequemlichkeit. Was nicht mit Faulheit verwechselt werden darf. Faul sind (die meisten) Richter nicht. Ganz im Gegenteil, viele meiner Kollegen sind über das als obligatorisch Festgelegte hinaus fleißig. Aber sie ziehen die Sicherheit eines festen und regelmäßigen Einkommens und einer (hoffentlich) sicheren Pension im Staatsdienst dem ungewissen Einkommen eines Rechtsanwalts in der freien Wirtschaft vor. Ebenso sind sie eher bereit, die geschilderten Widrigkeiten – geringe Besoldung, hohe Arbeitsbelastung, mangelhafte Ausstattung und Ausbildung, willkürliche Beurteilungen und Beförderungen – in Kauf zu nehmen, als sich dagegen zur Wehr zu setzen. Richter leben nach dem Motto: »*Es ist nicht schön, aber ich weiß wenigstens, was ich habe.*« Sie sind viel zu bequem, ihre »Richter-Komfortzone« zu verlassen und etwas an ihrer Lage zu verändern. Denn ein solcher Schritt wäre verbunden mit Ungewissheit. Wie werden die Gerichtsverwaltung – Präsident und Präsidialrichter – reagieren, wenn ich meinen Ärger über die Situation zum Ausdruck bringe? Wenn ich die hohe Belastung beklage? Die miserable Ausstattung deutscher Gerichte? Die Intransparenz und Willkür der Beurteilungen und Beförderungen? Flucht ist da doch der sichere und bequeme Weg. Flucht oft in eine innere

Emigration. Sich im Stillen ärgern, aber weitermachen wie bisher. Bloß keinen Ärger mit der Gerichtsverwaltung riskieren.

Als bekannt wurde, dass ich gegen eine meiner Beurteilungen Klage vor dem Verwaltungsgericht eingelegt hatte, sprachen mich viele Kollegen an: *»Mann, hast du Eier!« – »Das ist mutig!« – »Du hast echt keine Angst!«* – *»Wovor sollte ich denn Angst haben?«*, fragte ich. Sollte ich befürchten, dass mir der Behördenleiter und seine Schergen abends vor dem Büro auflauern, mir einen Sack über den Kopf werfen und mich nach Guantanamo-Bay verschleppen? Selbst bei der Vorstellung dieses unwahrscheinlichen Szenarios verspüre ich nicht einmal ein leichtes Unwohlsein – möglicherweise angesichts der körperlich wenig beeindruckenden Konstitution des typischen Richters der Gerichtsverwaltung. Sollte ich Angst haben, nicht befördert zu werden? Erstens bin ich gern Richter am Amtsgericht, und zweitens würde ich meine Überzeugung niemals für eine Beförderung verkaufen. Das unterscheidet mich von den meisten Richtern in der Gerichtsverwaltung. Vielleicht befürchten einige Richter, dass ihre Kollegen (also nicht die Richter in der Gerichtsverwaltung, sondern die echten Kollegen) schlecht über sie denken würden. Ich kann versichern, genau die gegenteilige Erfahrung gemacht zu haben. Von meinen Kollegen habe ich stets Zuspruch und Anerkennung erfahren. Und dies gerade wegen meiner Einstellung.

Nicht alle Richter haben einen derart großen Drang zur Bequemlichkeit, eine ebenso feste wie beschränkende »Richter-Komfortzone«. Aber viele. Zu viele. Überschaubar bleiben die Ausnahmen. Sie sind in jedem Gericht bekannt. Teils werden sie als Sonderlinge belächelt, teils sind sie als Querulanten verschrien. Es gibt jedoch auch Kollegen, die ihr Selbstbewusstsein, ihre Neigung, auch mal unbequem werden zu können, schätzen.

Darum sind sie den Gerichtsverwaltungen ein Dorn im Auge. Sie lassen sich äußerst schlecht führen.

Die Gefahr, die von einer Richterschaft ausgeht, die zu großer Bequemlichkeit neigt, ist nicht zu unterschätzen. Die Bequemlichkeit der deutschen Richterschaft veranlasste sie zu der Systemerhaltung nach der Notverordnung von 1933 und selbst nach der Ernennung Adolf Hitlers zum Obersten Gerichtsherrn 1942. Und diese Bequemlichkeit haben deutsche Richter schon wieder. Oder noch immer?

Das Richter-Mantra

Obwohl Richter selten ihren Unmut nach außen kundtun, gibt es im Kollegenkreis durchaus und immer wieder umfangreiche Diskussionen über die mangelhafte Richterausbildung, die schlechte Ausstattung der Gerichte, das intransparente Beurteilungs- und Beförderungswesen, die ungenügende Besoldung oder die gefährliche Überlastung. Wenn eine Diskussion jedoch droht, zu ehrlich zu werden, spricht irgendein Kollege das Richter-Mantra: »*Eigentlich geht es uns doch gut!*« Diesen Leitsatz impft man den Richtern immer und immer wieder ein. Tag für Tag, Woche für Woche, Jahr für Jahr. Bis sie ihn herunterbeten können. Sehr viele Kollegen beherrschen das Mantra ausgezeichnet.

Dabei spalten sich diese Kollegen in zwei Lager auf: das Lager der Lügner und das Lager der Verlogenen. Die Lügner – sie bilden das kleinere Lager – sind sich bewusst, dass es in der Justiz nicht gut läuft. Sie kennen die Probleme und können zwischen Wahrheit und Unwahrheit unterscheiden. Sie benutzen das Mantra bewusst, um andere Kollegen zu belügen. Es sind insbesondere die Kollegen, die in der Justiz noch Karriere machen wollen. Das weitaus größere Lager bilden jedoch die Verlogenen. Sie können nicht mehr zwischen Wahrheit und Lüge unterscheiden. Vielmehr haben sie die Lüge als ihre Wahrheit angenommen. Es entlastet ihr Gewissen. Denn es entschuldigt sie, wenn sie nichts gegen die großen Missstände in der Justiz unternehmen. *»Wir haben kaum noch qualifizierte Bewerber für den Richterdienst!« – »Ja, aber eigentlich geht es uns doch gut!« – »Deutschland hinkt bei der Besoldung seiner Richter fast ganz Europa hinterher!« – »Ja, aber eigentlich geht es uns doch gut!« – »Das Landgericht Buxtehude*[45] *ist abgebrannt, 500 Kollegen sind in den Flammen ums Leben gekommen!« – »Ja, aber eigentlich geht es uns doch gut!«* Das Richter-Mantra ist vielseitig verwendbar und legt sich – oft genug aufgesagt – wie eine wärmende Decke über die vielen Probleme der Justiz und das eigene (schlechte) Gewissen.

Ein Hauch von Macht

Richter kennzeichnet also ein hohes Maß an Disziplin und Bequemlichkeit, weniger der Wunsch nach Reichtum. Das ist jedoch noch nicht alles, denn diese Eigenschaften treffen regelmäßig auf sämtliche (Prädikats-)Juristen im Staatsdienst zu, wie man sie auch als Beamte in der Verwaltung findet. Welche Eigenschaft kommt hinzu, die den Charakter eines Richters besonders kennzeichnet? Welches Geheimnis verbirgt sich tief in der Seele eines Prädikatsjuristen, das ihn auf ein Anfangsjahresgehalt von 140 000 Euro verzichten und stattdessen das schmucklose Gewand des Richters überstreifen lässt? Ist es der Wunsch, die Welt ein klein wenig besser und sicherer zu machen? Oder der unerschütterliche Drang, der Gerechtigkeit zum Sieg zu verhelfen? Die Antwort auf all diese Fragen ist sehr schlicht: Es ist der Wunsch nach Macht! Schauen Sie sich doch einmal einen typischen Richter an – nicht im Gerichtssaal in erhöhter Position und der einschüchternden schwarzen Robe –, sondern privat oder noch besser: vor zehn, 20 oder 30 Jahren, als er noch in die Schule gegangen ist. Richter gehörten selten zu den sportlichsten, beliebtesten oder schönsten Schülern. Sie sind fleißig und diszipliniert, bisweilen etwas unterwürfig. Das sind nicht gerade diejenigen Schüler, die den Ton angeben. Obwohl sie es sehr gern getan hätten. Dieser unerfüllte Wunsch ist es, der viele Kollegen dazu bewegt, den Richterberuf zu ergreifen. Die Macht, ein Räumungsurteil für eine Mietwohnung auszusprechen. Die Macht, die Unterbringung eines psychisch Kranken zu beschließen. Die Macht, über Schuld oder Unschuld eines Angeklagten zu befinden, über Haftbefehle, Geld- und Freiheitsstrafen zu entscheiden.

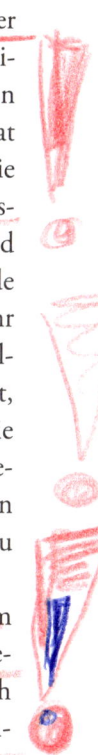

Je stärker der (unterdrückte) Wunsch nach Macht bei dem einzelnen Richter ausgeprägt ist, desto größer ist der Drang, befördert zu werden. Denn die Beförderung lässt die Macht auch nach außen sichtbar werden. Man ist nicht mehr nur ein popeliger Amts- oder Landrichter. Man ist »Vorsitzender Richter«, das klingt doch schon ein wenig nach Vorgesetztem. Sollte das Geltungsbedürfnis noch stärker sein, dann reicht auch dieser Titel nicht mehr. Besser klingt doch »Vizepräsident« oder »Präsident«. Das ist ein Titel, der Macht symbolisiert und von den weniger mächtigen Kollegen abgrenzt. Was heißt hier überhaupt noch Kollegen? Treffender ist doch »Untergebene« oder noch besser »Untertanen«. Man braucht nur eine Landgerichtskantine zur Mittagszeit aufzusuchen, um eine Sozialstudie zu betreiben. Das

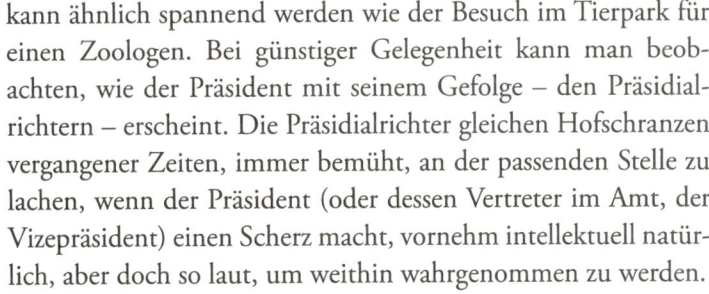

kann ähnlich spannend werden wie der Besuch im Tierpark für einen Zoologen. Bei günstiger Gelegenheit kann man beobachten, wie der Präsident mit seinem Gefolge – den Präsidialrichtern – erscheint. Die Präsidialrichter gleichen Hofschranzen vergangener Zeiten, immer bemüht, an der passenden Stelle zu lachen, wenn der Präsident (oder dessen Vertreter im Amt, der Vizepräsident) einen Scherz macht, vornehm intellektuell natürlich, aber doch so laut, um weithin wahrgenommen zu werden.

Kleiner Feigling mit Robe?

Eine Eigenschaft des Richters fehlt noch, mit der Sie bestimmt nicht gerechnet haben: das mangelnde Selbstbewusstsein. Denn die wenigsten Richter sind selbstbewusst. Ein strebsamer, fleißiger, aber unsportlicher Schüler gehört in der Regel nicht zu den beliebtesten Kindern der Klasse. Deshalb strotzt er auch nicht gerade vor Selbstbewusstsein. Nach der Schule folgen Studium und zwei überdurchschnittliche Staatsexamina. Zugegeben, respektable Leistungen, aber doch noch nicht ausreichend, um das Selbstvertrauen so stark aufzubauen, dass der Schritt in die unsichere Welt der Unabhängigkeit eines Rechtsanwalts gewagt wird, sondern lieber der gut befestigte Weg in den Staatsdienst: bequem und sicher. Es folgt die nächste Phase: Richter auf Probe mit allen bereits geschilderten Beeinträchtigungen – billige Arbeitskraft als Klausuraufsicht oder sogar fürs Kellnern, im Stich gelassen beim Einstieg in die Arbeitswelt, bevormundet bei der Auswahl der Arbeitsstelle. Nach der Verplanung geht es weiter: mangelhafte Ausstattung am Arbeitsplatz, schlechte Besoldung, oberflächliche Beurteilungen, die so unpersönlich sind, dass der Name des jeweiligen Richters nahezu beliebig ausgetauscht werden kann. Auch diese von jeglicher Wertschätzung sorgfältig befreite Umgebung ist nicht geeignet, um Selbstvertrauen aufzubauen.

So ist er, der typische Richter: diszipliniert, mit großem Bedürfnis nach Sicherheit und Bequemlichkeit sowie einem unterschiedlich stark ausgeprägten, bisweilen krankhaften Verlangen nach Macht verbunden mit mangelndem Selbstbewusstsein. Das sind die Eigenschaften, die neun von zehn Richterkollegen in unterschiedlicher Gewichtung nach meiner Erfahrung aufweisen. Es ist das Zusammenwirken dieser Eigenschaften, das eine häufige und sehr ernst zu nehmende Berufskrankheit eines Richters verursacht. Und damit meine ich nicht den allseits bekannten Burn-out.

Berufskrankheit: Entscheidungsschwäche

Psychiater: »Also antworten Sie bitte ganz spontan: Fällt es Ihnen schwer, Entscheidungen zu treffen, ja oder nein?«
Richter: »Das Gericht zieht sich zur Beratung zurück.«

Manche Menschen haben große Angst davor, Entscheidungen zu treffen, sie leiden unter chronischer Entscheidungsschwäche. Hauptgründe sind die Angst, eine falsche Entscheidung zu treffen, die Angst vor Ablehnung und Kritik und die Angst vor Verantwortung. Entscheidungsschwäche führt im schlimmsten Fall dazu, dass der Betroffene eine Entscheidung gar nicht treffen kann, in weniger schweren Fällen lässt sie den Betroffenen die Entscheidung hinauszögern oder beeinflusst die Art seiner Entscheidung. Für einen Richter ist Entscheidungsschwäche ebenso folgenschwer wie eine Mehlstauballergie für einen Bäcker oder Angst vor Wasser bei einem Rettungsschwimmer. Und doch ist Entscheidungsschwäche unter Richtern weitverbreitet.

Ganz sicher fehlerfrei

Es gibt eine absolut hundertprozentige Möglichkeit, keine falsche Entscheidung zu treffen, nämlich: gar keine Entscheidung zu treffen! So albern es klingt, wird diese »Arbeitsweise« von nicht wenigen Kollegen – darunter nicht selten auch von Vorsitzenden Richtern – ausgezeichnet beherrscht. Gerade im Zivilrecht existiert eine hervorragende Technik der Entscheidungsvermeidung, nämlich der richterliche Hinweis. Wenn Sie einen Rechtsstreit nicht entscheiden wollen, dann weisen Sie einfach auf irgendetwas hin. Der Klassiker des richterlichen Verzögerungshinweises lautet vereinfacht: *»Dem Vortrag des Klägers in seinem Schriftsatz vom 30.04.2019 auf Seite 9 fehlt es an Substanz. Es besteht Gelegenheit zum ergänzenden Vortrag binnen einer Frist von fünf Wochen.«* Damit hätte der Richter das Verfahren schon mal für die nächsten fünf Wochen vom Hals, muss sich über eine Entscheidung keine Gedanken machen. Es gibt Kollegen, die diese Technik derart perfektioniert haben, dass ihr Name als Synonym für Entscheidungsvermeidung im Kollegenkreis verwendet wird. Ein Kollege berichtete mir, er habe ein Verfahren von einem solchen auf Entscheidungsvermeidung spezialisierten Richter übernommen, in dem der entsprechende Richter 21 sich teilweise inhaltlich widersprechende Hinweise erteilt habe. Eine der an diesem Rechtsstreit beteiligten Parteien war infolge der langen Prozessdauer während des Verfahrens insolvent geworden. Mit

Recht fühlt sich die eine oder andere Partei durch solche Richter an den Suppenkasper aus dem *Struwwelpeter* erinnert: »*Ich treffe meine Entscheidung nicht! Nein, meine Entscheidung treffe ich nicht!*«

Auch wenn die Ursache der Entscheidungsschwäche, die Angst vor Fehlern, ohne jeden Zweifel in der beschriebenen typischen Charaktereigenschaft eines mangelnden Selbstbewusstseins zu suchen ist, wirkt es sich auch hier wieder aus, dass die Rechtsprechung in Deutschland nicht unabhängig ist, die Gerichtsverwaltungen nicht von den Richtern, sondern von der Exekutive, der Regierung, besetzt werden. Die deutsche Gerichtsverwaltung ist geprägt von einer lähmenden Angst vor Fehlern als dem typischen Karrierehindernis. Hieraus entsteht der Drang, Entscheidungen, wenn irgendwie möglich, zu vermeiden, da jede Entscheidung auch eine falsche Entscheidung sein kann. Hinzu kommen die Abneigung, für eigene Fehler die Verantwortung zu übernehmen, und die Neigung, eigene Fehler auf andere abzuwälzen. Diese Art der »Fehlerkultur« wird bewusst und unbewusst auf die gesamte Richterschaft übertragen, vor allem auch auf den Richternachwuchs. Berufsanfänger lernen schnell: »*Wenn du in der Justiz befördert werden willst, mach bloß keinen Fehler!*« Wenn dies einmal beherrscht und am besten durch den folgsamen Dienst in der Gerichtsverwaltung unter Beweis gestellt wird, erfolgt die Beförderung auf die R2-Stelle eines Vorsitzenden Richters fast wie von selbst. Es ist erstaunlich, wie schnell eine Erprobungsstelle als Dank für treue Duckmäuser gefunden wird, die sich in der Gerichtsverwaltung – und nicht als Richter – verdient gemacht haben.

Diese Angst vor Fehlern verleitet gerade Proberichter, die bei einem Amtsgericht mit Zivilverfahren betraut sind, zu einer Entscheidungsvermeidung. Denn der Präsident, von dessen Beurteilung die Zukunft des Proberichters abhängig ist, sitzt schließlich in einer Berufungskammer und bekommt »ihr« Urteil zu lesen. Es ist vollkommen gleichgültig, ob der Präsident tatsächlich auf die »Fehlerquote« eines Proberichters achtet oder nicht. Die weitverbreitete Angst der Proberichter, der Präsident könnte ihre Entscheidung »falsch« finden und daraus entsprechende, für sie beruflich nachteilige Konsequenzen ziehen, spricht bereits für sich.

Aber nicht nur Berufsanfänger, die noch um ihre Planstelle bangen müssen, haben Angst vor Fehlern.

Wer hat Angst vor dem schwarzen Mann?

Erschreckend viele Strafkammervorsitzende haben eine Heidenangst davor, dass der Bundesgerichtshof ihre Urteile in der Revision aufhebt. Das bestätigten mir zahlreiche Richter, auch Vorsitzende mehrerer Strafkammern in verschiedenen Gerichtsbezirken. Die Urteilsaufhebung durch den Bundesgerichtshof wird als große Blamage angesehen, als persönliche Niederlage. Tatsächlich prahlen einige Strafkammervorsitzende damit, ihre Urteile würden so gut wie nie vom Bundesgerichtshof aufgehoben. Doch darauf sollte sich der Vorsitzende nichts einbilden. Es gibt einen einfachen Grund dafür, weshalb seine Urteile Bestand haben. Sie sind zu milde.

Die Angst des Vorsitzenden vor einer Urteilsaufhebung begründet nämlich die Gefahr, dass ein Urteil zu milde ausfällt. Das hat folgenden Hintergrund: Gegen erstinstanzliche Strafurteile des Landgerichts können sowohl der Angeklagte als auch die Staatsanwaltschaft Rechtsmittel einlegen, also das Urteil von einer höheren Instanz überprüfen lassen. Es liegt in der Natur der Sache, dass ein strenges Urteil eher seitens des Angeklagten, ein mildes Urteil eher seitens der Staatsanwaltschaft mit der Revision angegriffen wird. Während jedoch die Revisionseinlegung durch den Angeklagten äußerst einfach ist, da er allein die Entscheidung trifft, ob er Revision einlegt oder nicht, sind auf der Seite der Staatsanwaltschaft gleich mehrere Hürden zu nehmen. Entscheidet sich der sachbearbeitende Staatsanwalt, gegen ein Urteil des Landgerichts Revision einzulegen, muss er hiervon zunächst seinen Abteilungsleiter überzeugen. Wenn der Abteilungsleiter einverstanden ist, fertigt der sachbearbeitende Staatsanwalt die Revisionsschrift an, die sodann von der Generalstaatsanwaltschaft und vom Generalbundesanwalt abgesegnet werden muss. Ist auch nur eine der damit befassten Personen der Auffassung, die Revision sollte nicht durchgeführt werden, da das Urteil gerade noch vertretbar ist, wird die eingelegte Revision zurückgenommen. Da nach den für den Staatsanwalt geltenden Richtlinien für das Strafverfahren und Bußgeldverfahren (RiStBV) zur Nachprüfung des Strafmaßes ein Rechtsmittel sogar nur dann eingelegt werden soll, »wenn die Strafe in einem offensichtlichem Missverhältnis zu der Schwere der Tat steht«,[46] kann nahezu jedes Urteil als gerade noch vertretbar angesehen werden. Und genau dieser beschwerliche Weg, den die Revision der Staatsanwaltschaft gehen muss, ist den Vorsitzenden der Strafkammern durchaus bekannt. Ist es abwegig, dass sie bei ihrer Entscheidung – bewusst oder unterbewusst – die Wahrscheinlichkeit der Revisionseinlegung berücksichtigen?

Die Angst vor der höheren Instanz ist übrigens eine typische Angst der Strafrichter am Landgericht. Mir ist kein einziger Strafrichter beim Amtsgericht bekannt, der Angst vor einer Urteilsaufhebung oder Urteilsabänderung in der nächsten Instanz hat. Das Rechtsmittel der Revision wird gegen amtsrichterliche Urteile ohnehin nur selten eingelegt. Ich selbst habe es bei meinen Urteilen in mehr als sechs Jahren Strafrichtertätigkeit erst etwa fünfmal erlebt. Häufiger ist die Einlegung einer Berufung. Angst vor einer abändernden Berufungsentscheidung hat kein Amtsrichter, soweit mir bekannt ist. Manchmal ärgert sich der Amtsrichter. Der Ärger ist allerdings meist am gleichen Tag verflogen. Oft kennt man den Berufungsrichter persönlich und weiß, dass sich ärgern hieße, Buße tun für die Fehler anderer. Man weiß ja, wer das abändernde Urteil geschrieben hat …

Neben der Technik der Entscheidungsvermeidung ist auch die Technik der Vermeidung unangenehmer Entscheidungen gerade unter Strafrichtern weitverbreitet. Ursächlich ist hier nicht die Angst vor einer falschen Entscheidung, sondern die Angst vor Verantwortung.

Aus großer Macht folgt große Verantwortung

Als großer Comic-Fan erscheint mir diese »Spiderman-Philosophie« besonders zutreffend. Rechtsprechung ist Machtausübung. Nicht wenige Kollegen zucken erschrocken zusammen oder blicken beschämt zu Boden, wenn man sie darauf hinweist, dass sie eine Staatsgewalt repräsentieren und es ihre Aufgabe ist, Macht auszuüben. Denn so entscheidend der Wunsch nach Macht bei ihrer Entscheidung für den Richterberuf einerseits ist, so gering ist andererseits das Bewusstsein für die damit untrennbar verknüpfte Verantwortung, die sie zu tragen haben. Es ist erstaunlich, mit welcher Naivität einige Kollegen in den Richterdienst eintreten.

»Ich will nicht schuld sein, wenn der ins Gefängnis muss.«
»Ich habe schon mal eine JVA (Justizvollzugsanstalt) besichtigt,
ich möchte da nicht sitzen.«
»Er tat mir leid.«

Das sind klassische Antworten meiner Kollegen auf die Frage,
weshalb sie erneut eine Freiheitsstrafe zur Bewährung ausgesetzt
oder einen Haftbefehl nicht erlassen haben. Sie beruhen alle auf
der Angst, die Verantwortung für den ohne jeden Zweifel be-
lastenden Gefängnisaufenthalt eines Menschen tragen zu müssen. Hier wirken sich wieder das fehlende Selbstbewusstsein des
Richters und sein Hang zur Bequemlichkeit aus.

Ich bin seit mehr als fünf Jahren Strafrichter. Viele Menschen
habe ich zu Freiheitsstrafen ohne Bewährung verurteilt, also ins
Gefängnis geschickt. Noch mehr Menschen mussten aufgrund
eines meiner Haftbefehle in Untersuchungshaft, also auch ins
Gefängnis. Lassen mich alle diese Menschen kalt? Im Gegenteil,
ich empfinde für die meisten von ihnen großes Mitgefühl. Der
folgende Sachverhalt ist nur ein Beispiel für Fälle, die sich so
oder so ähnlich täglich an deutschen Amtsgerichten ereignen:

Katrin ist 31 Jahre alt. Sie sieht jedoch mindestens aus wie Ende 40
und wiegt höchstens noch 45 Kilogramm. Katrin nimmt Heroin,
seitdem sie 16 Jahre alt ist. Erst hat sie es geraucht, später auch
gespritzt. Zwei Entzugsversuche hat sie schon abgebrochen. Mit 15
war sie ungewollt schwanger geworden. Ihr Baby hat sie im siebten
Monat verloren. Ihre Eltern haben sich nicht um sie gekümmert.
Katrin hat die typischen Vorstrafen: Verstöße gegen das Betäubungs-
mittelgesetz, Erschleichen von Leistungen (also Schwarzfahren, das
Geld braucht Katrin für den nächsten Schuss, nicht für ein Fahrti-

cket) und Diebstahl. Sie stiehlt gewerbsmäßig, um sich ihren Lebens-unterhalt und vor allem auch ihren Heroinkonsum zu finanzieren. Anfang 2018 hat man Katrin dabei erwischt, wie sie Parfümfla-schen aus einem Drogeriemarkt stahl, um diese zu verkaufen und sich von dem Erlös neue Betäubungsmittel kaufen zu können. Sie wurde deshalb zu einer Freiheitsstrafe von sechs Monaten verurteilt, und die Strafe wurde zur Bewährung ausgesetzt. Zwei Tage nach dem Urteil hat man sie wieder beim Stehlen erwischt. Dieses Mal waren es Bürstenköpfe für elektrische Zahnbürsten. Jetzt sitzt Ka-trin deshalb erneut auf der Anklagebank. Sie weiß, dass sie keine weitere Bewährungsstrafe zu erwarten hat. Trotzdem versucht sie nicht, den Anklagevorwurf abzustreiten, sondern legt ein vollum-fängliches Geständnis ab.

Wie würden Sie entscheiden? Hätten Sie Mitgefühl mit Katrin? Würden Sie Katrin »laufen lassen«, also erneut zu einer Freiheits-strafe mit Bewährung verurteilen?

Mittlerweile ist man bei einigen Kollegen bereits deshalb als gefühlloser Hardliner verschrien, weil man nicht auch die dritte, vierte oder fünfte Freiheitsstrafe zur Bewährung aussetzt oder nicht immer die gesetzliche Mindeststrafe ausurteilt. Ich sehe das so: Wenn ich Katrin nicht zu einer Freiheitsstrafe ohne Bewährung verurteile, also sie nicht ins Gefängnis schicke, bin ich ein unfähiger Richter. Wenn ich mit Katrin kein Mitgefühl habe, bin ich ein Arschloch. Ein Richter darf und soll in vielen Fällen mit dem Angeklagten Mitgefühl haben, den er zu einer Freiheitsstrafe ohne Bewährung verurteilt. Er darf sich allerdings nicht aus Mitgefühl von seiner Entscheidung abhalten lassen. An dem Tag, an dem ich kein Mitgefühl mehr empfinde mit den Menschen, die aufgrund meiner Entscheidung ins Gefängnis müssen, werde ich nicht mehr als Strafrichter weiterarbeiten. An dem Tag, an dem ich aus reinem Mitgefühl das Gesetz nicht mehr anwende und damit meiner Verantwortung als Richter nicht mehr gerecht werde, auch nicht mehr.

Psychologisch nachvollziehbar ist der Hang, eine milde Strafe auszusprechen. Der Angeklagte, der vor dem Richter sitzt und dem er bei der Urteilsverkündung in die Augen sehen muss, den er während des Prozesses kennengelernt hat und für den er Mitgefühl empfindet, vielleicht sogar Verständnis und Sympathie entwickelt hat, lässt eine »härtere« Entscheidung unmittelbar unbequem für den Richter werden. Wie sich demgegenüber eine milde Entscheidung auf das »Rechtsempfinden der Bevölkerung« und auch auf das zukünftige Verhalten des Angeklagten auswirkt, das ist in diesem Augenblick für den Richter nicht unmittelbar spürbar. Das große Stück Sahnetorte führt auf lange Sicht gesehen zu Übergewicht, Diabetes, Herzproblemen und weiteren Beschwerden, was jedem Menschen klar ist. Kurzfristig aber ist es eine Quelle des Genusses, das Belohnungszentrum des Hirns springt an, man fühlt sich glücklich.

Der Beschuldigte, der wie ein Häufchen Elend vor einem sitzt und in diesem Moment seine Tat auch bereut (oder es jedenfalls bereut, erwischt worden zu sein), ist glücklich, schon wieder eine Bewährungsstrafe zu erhalten und nicht ins Gefängnis zu müssen oder nicht mit einem Haftbefehl in die Untersuchungshaft zu wandern. Kurzfristig macht eine solche Entscheidung den Richter ebenfalls glücklich – man hat niemandem Schaden zugefügt und trägt nicht die Verantwortung dafür, dass jemand ins Gefängnis muss. Die langfristigen Folgen für den Angeklagten und die Gesellschaft sind in diesem Augenblick gedanklich noch ganz weit entfernt. Wenn man nicht

129

über diese Folgen nachdenkt, spürt man sie gar nicht. Zumal die mittelbaren Folgen einen gewaltigen Vorteil haben: Es lässt sich immer gut behaupten, dass andere Faktoren die (Haupt-)Ursache sind. Wird derselbe Angeklagte, den man schon wieder zu einer Bewährungsstrafe verurteilt hat, drei Wochen später erneut straffällig, sind dafür andere Umstände ursächlich, nicht die eigene Milde. Vielleicht hatte er Streit mit seiner Freundin, eine in Aussicht gestellte Arbeit nicht erhalten, einen Rückfall in seine Alkoholsucht. Irgendeinen anderen Grund wird man schon finden, um zu begründen, dass die eigene verantwortungslose Entscheidung nicht (haupt-)ursächlich für die erneute Straftat war.

Angst vor Shitstorm

Die dritte Ursache der Entscheidungsschwäche eines Richters ist Angst vor Ablehnung und Kritik.

Am 24. Juli 2010 ereignete sich in Duisburg während der 19. Loveparade (eine von 1989 bis 2010 veranstaltete Technoparade) ein entsetzliches Unglück. Im Zugangsbereich der Veranstaltung kam es zu einem starken Gedränge. Dabei kamen 21 Menschen ums Leben und weitere 541 wurden verletzt. Die Staatsanwaltschaft Duisburg leitete ein Ermittlungsverfahren gegen Mitarbeiter der Stadtverwaltung, Mitarbeiter des Veranstalters und Polizeibeamte ein. Im Februar 2014 erhob sie schließlich Anklage gegen zehn Personen. Das Landgericht Duisburg lehnte mit Beschluss vom 30. März 2016 die Eröffnung des Hauptverfahrens ab.

Nach der Veröffentlichung des Nichteröffnungsbeschlusses diskutierten die Richter im Landgerichtsbezirk sehr angeregt. Viele

Kollegen vertraten die Auffassung, es wäre besser gewesen, das Verfahren zu eröffnen. Nun, das ist an und für sich noch nichts Besonderes. Erstens werden Entscheidungen von Kollegen häufig kontrovers diskutiert. Zweitens gab der im Beschwerdeverfahren vom Oberlandesgericht Düsseldorf am 18. April 2017 erlassene Beschluss den Kollegen im Ergebnis recht. Das Verfahren hätte eröffnet werden müssen. Was die Diskussion über den Nichteröffnungsbeschluss so besonders machte, war die Begründung vieler Kollegen, weshalb sie die Entscheidung so nicht getroffen hätten. Es waren nämlich keine rechtlichen Erwägungen, sondern die Auffassung, es wäre angesichts des Drucks der Medien und der Öffentlichkeit besser gewesen, das Hauptverfahren zu eröffnen. Denn auf diese Weise hätte man dem Shitstorm, der jetzt auf das Gericht niedergehe, ganz leicht entgehen können. Diese Einstellung spiegelt die auf dem schwach ausgeprägten Selbstbewusstsein vieler Kollegen beruhende Angst vor Ablehnung und Kritik sehr gut wider.

Nicht denken, sondern »copy and paste«

Angst vor Verantwortung und Angst vor Kritik hindern viele Kollegen übrigens auch daran, eine *eigene* Entscheidung zu treffen. Nicht alle (aber mit Abstand zu viele) Kollegen begnügen sich bei der Rechtsfindung mit der Suche nach einer (anscheinend) passenden – oder wenigstens halbwegs passenden – Stelle in einem Gesetzeskommentar[47]oder einem Urteil eines anderen Gerichts. Erstaunlich häufig verzweifelt ein Kollege deshalb bei der Entscheidung eines Falls, weil er keine geeignete Kommentarstelle oder kein vergleichbares Urteil finden kann. Das ist ein Armutszeugnis für einen Richter. Nicht etwa deshalb, weil der

Kollege bei der Lösung eines Rechtsproblems Hilfe sucht, indem er einen Gesetzeskommentar zurate zieht oder Entscheidungen anderer Gerichte. Sondern weil er sich nicht in der Lage sieht, eigenständig eine rechtliche Lösung zu finden. Viel zu oft wird eine vermeintlich passende Kommentarstelle unkritisch übernommen, insbesondere, ohne die zugrunde liegende Entscheidung zu lesen. Deshalb werden häufig Entscheidungen zitiert, deren Sachverhalt gar nicht vergleichbar ist. Anstelle einer ordentlichen Begründung erfolgt nur ein Zitat *(»so schon Landgericht Köln …«)*. Erstaunlicherweise scheint dies besonders häufig dann zu geschehen, wenn ein Richter sehr viel Zeit für seine Entscheidung hat. Gerade dann nutzt er die Zeit nicht, um unter Anstrengung seines Verstandes die Lösung zu finden, sondern um (vermeintlich) geeignete Kommentarstellen abzuschreiben. Deshalb mangelt es auffällig häufig landgerichtlichen Strafurteilen an eigenen Gedanken; stattdessen sind viele mit unzähligen und unpassenden Zitaten aus Kommentaren und Urteilen unnütz überfrachtet.

Ich doch nicht!

Natürlich streiten die meisten Richterkollegen empört ab, dass sie ihre Entscheidungen von derart menschlichen Denk- und Verhaltensmustern beeinflussen lassen. Auf gewöhnliche Menschen mag ein solches Verhalten vielleicht zutreffen, aber doch nicht auf einen Richter! Dieses Verhalten ist typisch für Menschen mit schwach ausgeprägtem Selbstbewusstsein: eine maßlose Arroganz gegenüber ihren Mitmenschen. Denn Arroganz und Selbstbewusstsein schließen sich nach meiner Erfahrung gegenseitig aus. Arroganz ist ein Selbstschutz, ein Überspielen

der eigenen Unsicherheit. Ich kenne keinen selbstbewussten Menschen, der arrogant ist, bin aber in der Justiz vielen arroganten Richtern begegnet, die nicht selbstbewusst sind. Diese Kollegen neigen zu einem herablassenden Verhalten gegenüber Rechtsanwälten, Angeklagten, Staatsanwälten, Geschäftsstellen, Wachtmeistern, aber auch anderen Richtern.

Zahnloser Papiertiger: der Deutsche Richterbund

Ich war erst ein oder zwei Tage als Richter tätig, da kam ein Kollege in mein Büro. Ich weiß seinen Namen nicht einmal mehr, nennen wir ihn Ludwig. »Hi, ich bin der Ludwig. Ich bin beim DRB. Das ist unsere Interessenvertretung. Da musst du auch Mitglied werden!« Kennen Sie das Gefühl, dass Sie etwas unterschreiben sollen und plötzlich, ohne es zu merken, ein sinnloses Zeitschriften-Abo bestellt haben? So kam mir das Ganze vor. Darum fragte ich skeptisch: »So? Warum?« – »Na, weil das superwichtig ist, dass wir uns organisieren«, antwortete Ludwig. »Und warum?«, hakte ich nach. »Na, weil es sehr wichtig ist«, sagte Ludwig etwas hilflos. Eine Nachfrage hatte er offensichtlich nicht erwartet. Doch dann holte er zum alles entscheidenden Schlag aus, zu dem Verkaufsargument schlechthin. »Ach ja: Und wenn du Mitglied bei uns wirst, gibt es eine Schlüsselversicherung gratis dazu!« Hatte ich richtig gehört? Eine Schlüsselversicherung? Ja, tatsächlich, eine Schlüsselversicherung für die Dienstschlüssel. Falls die verloren gehen. Scheint wohl oft der Fall zu sein. Mit dieser Verkaufstaktik hatte er es geschafft. Er hatte mein Misstrauen vollends geweckt. Ich beschloss, den Richterbund erst mal zu beobachten, um zu sehen, was er leistet. In den vergangenen elf Jahren habe ich es nie bereut, nicht Mitglied geworden zu sein.

Mehr als 16 500 Mitglieder zählt der 1909 gegründete Deutsche Richterbund (DRB) und ist damit der älteste und auch der mit Abstand größte Berufsverband für Richter und Staatsanwälte in Deutschland. Allerdings darf man sich diese Interessenvertretung nicht etwa effektiv vorstellen. Oder dynamisch. Oder durchsetzungsstark. Denn auch die engagiertesten Mitglieder des Richterbunds weisen gewöhnlich die zuvor beschriebenen Charaktereigenschaften auf. Sie sind nicht selbstbewusst und sehr bequem, neigen zur Entscheidungsschwäche und Arroganz.

Das fehlende Selbstbewusstsein des DRB erkennt man sofort in den von ihm organisierten Protestaktionen, die, verglichen mit den Protestaktionen echter Interessenvertretungen, mit etwas Wohlwollen als putzig bezeichnet werden dürfen. Zum Beispiel rief der Richterbund Anfang Juli 2013 jeden Richter dazu auf, er möge am 10. Juli 2013 ein langärmliges Hemd am nordrhein-westfälischen Landtag in Düsseldorf vorbeibringen. Die Hemden wurden auf eine 1000 Meter lange Wäscheleine gehängt. Damit sollte gegen die geplante Nullrunde protestiert werden, also gegen die Absicht der Landesregierung, nur bei den unteren Beamtengruppen die Besoldung an die Tariferhöhung anzupassen, sie aber Richtern (und ebenso Lehrern und Polizisten) zu verweigern. Und was um Himmels willen hat das mit langärmligen Hemden zu tun? Die Aktion sollte symbolisieren, dass die Landesregierung den Richtern auch noch »das letzte Hemd« nimmt. Derartige Aktionen wirken im besten Fall lächerlich. Und sie sind noch weniger einschüchternd, als wenn Ihnen Ihr vierjähriger Sohn androht, er werde so lange die Luft anhalten, bis er ein Eis bekommt.

Geradezu erbärmlich wirken Aktivisten des Richterbunds, wenn sie behaupten, ohne ihre Aktivität würde es den Richtern viel schlechter gehen. Hier versucht Arroganz, die eigene Unsicherheit zu überspielen. Der Deutsche Richterbund ist ein Zwitterwesen zwischen harmlosem Nörgler und unterwürfigem Bittsteller. Er beschwert sich hier und da leise über die Politik, von der er sich im Stich gelassen fühlt. Er schreibt ab und zu etwas über die Notwendigkeit der Selbstverwaltung oder weint sehnsüchtig der machtvollen Stellung der Richter in anderen Ländern nach. Es ist traurig und beschämend, einen solchen Haufen wehleidiger Jammerlappen zu sehen. Solange der Richterbund sich nicht bewusst wird – oder vielmehr nicht bewusst werden will –, dass er es als Deutschlands größte Interessenvertretung einer Staatsgewalt in der Hand hat, etwas an den Zuständen der deutschen Gerichte zu ändern, und dies nur davon abhängt, dass er einen unerschütterlichen Willen entwickelt und bereit ist, diesen auch durchzusetzen, wird sich an der Situation der deutschen Richter (und Staatsanwälte) nichts ändern.

Mit welcher Selbstherrlichkeit der Deutsche Richterbund sich jedoch mittlerweile anmaßt, innenpolitische Fragen anderer europäischer Länder zu beurteilen, ist beeindruckend und bedarf der besonderen Erwähnung. So hat der Richterbund lauthals und öffentlich die Absicht der polnischen Regierung kritisiert, oberste Richter bereits mit 65 statt mit 70 Jahren in den Ruhestand zu versetzen.[48] Dieses Maß an Überheblichkeit und Größenwahn einer deutschen Interessenvertretung der Richter ist beeindruckend und unterstreicht erneut, dass Selbstbewusstsein und Arroganz sich gegenseitig ausschließen. Spricht man mit einem engagierten Mitglied des Richterbunds, das nebenberuflich als Richter tätig ist – denn hauptberuflich retten sie ja die Welt oder mindestens Europa oder jedenfalls Polen vor dem Zusammenbruch der Gewaltenteilung –, dann stellt man fasziniert fest: Die nehmen sich selbst völlig ernst! Das ist beinahe ein krankhafter Größenwahn, der sich ausbreitet. Falls tatsächlich jemand in der polnischen Regierung von der geballten Macht des Deutschen Richterbunds mehr beeindruckt sein sollte als von dem in China vom Umfallen gefährdeten Reisbeutelchen, kann er sich wieder beruhigen. Der Deutsche Richterbund hat noch nie etwas Wichtiges erreicht. Er ist der kleine Hund, der ab und zu leise kläfft, aber niemals beißt. Davor hat er viel zu sehr Angst. Denn auch hier vereinigen sich die Richtereigenschaften Bequemlichkeit und geringes Selbstbewusstsein in erschreckendem Maße.

Hinzu kommt eine Überzahl von Karrieristen in wichtigen Positionen des Richterbunds. Denn der Bund ist tatsächlich eine Organisation der Interessenwahrnehmung, jedenfalls soweit es die persönlichen Interessen einzelner Mitglieder betrifft. Das prominenteste Beispiel hierfür ist wohl Roswitha Müller-Piepenkötter. Sie wurde im Jahr 2002 Vorsitzende des Richterbunds und forderte mehr Stellen für Richter und Staatsanwälte. Von 2005 bis 2010 war sie Justizministerin in Nordrhein-Westfalen. Ihre Amtszeit war geprägt von einer langen Skandalliste in den nordrhein-westfälischen Gefängnissen, der sie hilflos und unentschlossen gegenüberstand. Darüber hinaus hatte sie ihre eigenen Forderungen nach mehr Stellen für Richter und Staatsanwälte als Justizministerin völlig »vergessen«. Während sie noch Vorsitzende des Richterbunds war, gab sie vor, Ansichten zu vertreten, wie dass die Überbelastung eingedämmt werden müsse und eine Erhöhung der Richtergehälter zwingend erforderlich sei. Als Justizministerin der nordrhein-westfälischen Regierung vertrat sie die Gegenpositionen. Viele Mitglieder des Richterbunds waren (zu Recht) wütend und (zu Unrecht) überrascht. Die von vielen geäußerte Ansicht,

MüPi – wie Müller-Piepenkötter von vielen genannt wird – hätte sich um 180 Grad gedreht, nachdem sie Justizministerin geworden war, ist gelinde gesagt sehr naiv.

Ich glaube nicht, dass sie sich gedreht hat, sondern dass sie schon immer so war und nur verstanden hat, den Mitgliedern des Richterbunds etwas vorzumachen. Sie wollte schließlich von ihnen zur Vorsitzenden gewählt werden. Ein Mensch ändert sich nicht plötzlich grundlegend. MüPi lag während ihrer Zeit im Richterbund nur ihre persönliche Karriere am Herzen – ebenso später als Justizministerin. Der einzige Unterschied war, dass sie dies nun offen nach außen zeigen konnte. Vorher hatte sie es nicht zeigen dürfen, weil sie sonst nicht zur Vorsitzenden gewählt worden wäre. Nicht wenige Mitglieder des Richterbunds haben diesen Karriereweg verstanden und versuchen nun, ihn zu kopieren. Es sind (hoffentlich) nicht alle engagierten Mitglieder, aber jedenfalls so viele, dass keine wirkliche Anstrengung zur Veränderung entfaltet wird – das könnte schließlich einen Vermerk in der Personalakte bewirken. Erstaunlich viele DRB-Funktionäre sind zugleich Mitglieder der Gerichtsverwaltung, also zum Beispiel Direktor oder Vizedirektor eines Amtsgerichts. Damit sind sie Teil der Exekutive. Warum sollten sie sich für die Richterschaft als Judikative einsetzen, wenn ihre (weitere) Karriere von der Exekutive abhängt?

Würde ein Gewerkschaftsfunktionär durchsetzungsstark gegenüber den Arbeitgebern sein, wenn er selbst zu den Arbeitgebern gehören würde? Würde der Arbeitgeber sich für die Interessen der Arbeitnehmer einsetzen, würde er in einen Interessenkonflikt geraten, da seine eigenen Interessen nicht selten in Widerstreit zu den Interessen des Arbeitnehmers stehen. Gegner der Interessen der Richterschaft ist aber nicht der Arbeitgeber der Richterschaft. Denn Arbeitgeber der Richterschaft ist das Volk, der Bürger und Steuerzahler. Nein, Gegner der Richterschaft als Judikative ist die Exekutive, die Regierung. Und die Gerichtsverwaltung ist – da es eine anständige Gewaltenteilung in Deutschland, wie bereits ausgeführt, nicht gibt – Teil der Regierung. Die vielen Funktionäre des Deutschen Richterbunds, die selbst der Gerichtsverwaltung als Direktoren, Vizedirektoren, Präsidenten und Vizepräsidenten angehören, stehen somit in einem doppelten Interessenkonflikt. Zum einen sollen sie die Interessen der Richterschaft, der Judikative, gegenüber der Exekutive vertreten, der sie als Teil der Gerichtsverwaltung angehören. Zum anderen ist auch ihre eigene persönliche Karriere in der Gerichtsverwaltung abhängig von eben jener Exekutive.

Es liegt auf der Hand, dass unter diesen Bedingungen der Richterbund leider als Interessenvertretung nur die Durchschlagskraft eines veganen Wattebausches hat. Und die Alleinschuld hierfür hat der Richterbund selbst. Seine Funktionäre, aber noch mehr seine einfachen Mitglieder, die diese Funktionäre immer und immer wieder wählen.

Eine Interessenvertretung wie den Richterbund kennt in Deutschland nur die dritte Staatsgewalt, die Rechtsprechung, keine der beiden anderen Staatsgewalten. Wenn eine Vereinigung von 16 500 Richtern und Staatsanwälten seit Jahren nichts Wesentliches erreicht hat, dann nur deshalb, weil sie nichts erreichen will!

Kapitel 6

Skandal- und Fehlurteile sind kein Zufall

So, das war's! Damit ist alles Wissenswerte über den Richter erzählt. So werden meine Kollegen und ich ausgesucht und ausgebildet (oder eben nicht), besoldet und belastet, von der Gerichtsverwaltung behandelt und verar..., äh beurteilt. Sie wissen, wie man bereits mit unseren Berufsanfängern – den Proberichtern – umgeht und sie »auf Linie« bringt. Und wie Beförderungsämter »der Leistung nach« vergeben werden. Und welche Interessenvertreter für uns tätig werden. Unter diesen Bedingungen wundert es einen nicht, dass Richter zu mangelndem Selbstbewusstsein neigen, dies jedoch bisweilen geschickt mit Arroganz zu überspielen versuchen. Dass sie ein hohes Maß an Bequemlichkeit aufweisen, was ihnen wichtiger ist, als für die Interessen der Richterschaft, der dritten Staatsgewalt, auf- und einzustehen.

Im Folgenden versuche ich, Antworten auf eine Reihe von Fragen zu geben, die immer wieder und durchaus zu Recht deutschlandweit an die Justiz gestellt werden:

Kapitel 6: Skandal- und Fehlurteile sind kein Zufall

1. Warum dauert der Prozess so lange?
2. Warum wurde eine so milde Strafe ausgeurteilt?
3. Warum gab es schon wieder Bewährung?
4. Wieso hat der Richter keinen Haftbefehl erlassen?

Diese Antworten sollen dazu beitragen klarzustellen, dass Skandalurteile keine zufälligen Entscheidungen sind. Eine Entscheidungsfindung ist für das menschliche Gehirn ein äußerst komplexer Prozess, neurowissenschaftlich immer noch nicht abschließend zu erklären. Und alles andere als rational. Die Entscheidungsfindung wird mindestens ebenso sehr vom Unterbewusstsein beeinflusst wie vom Bewusstsein. Und an dieser Stelle spielen wieder die beschriebenen typischen Charaktereigenschaften des Richters eine (entscheidende) Rolle. Charaktereigenschaften beeinflussen jede komplexe Entscheidung. Darum darf man von Menschen, die Angst vor Verantwortung und falschen Entscheidungen haben und über ein hohes Maß an Bequemlichkeit und eine gewisse Machtgier verfügen, keine selbstbewussten und zügigen Entscheidungen erwarten.

Einige der im Folgenden beschriebenen Fälle haben es geschafft, »in die Presse« zu kommen, anderen ist es nicht gelungen, die Aufmerksamkeit der Medien auf sich zu ziehen: Diese stammen aus meinem Arbeitsalltag. Entweder kam die Akte vom Landgericht aus der Berufungs- oder Beschwerdekammer zurück und landete auf meinem Schreibtisch, oder Kollegen haben mir über den Fall berichtet.

Geht es auch schneller, Herr Richter?

Gerichtsverfahren dauern in Deutschland zu lange. Hiervon sind circa acht von zehn deutschen Bürgern überzeugt. Und leider haben sie in zu vielen Fällen recht. Dabei sehen einige Statistiken gar nicht mal schlecht aus. Die durchschnittliche Verfahrensdauer von Zivilverfahren im Jahr 2017 betrug bei den Amtsgerichten deutschlandweit weniger als fünf Monate und bei den Landgerichten weniger als zehn Monate. Die durchschnittliche Verfahrensdauer von Strafverfahren bei den Amtsgerichten betrug 2017 sogar nur vier Monate und bei den Landgerichten immerhin noch weniger als acht Monate.

Und doch gibt es Strafverfahren, deren Dauer zu einem ungläubigen Kopfschütteln in der Bevölkerung führt. So zum Beispiel das am Landgericht Düsseldorf verhandelte (oder besser: vertrödelte) Rethelstraße-Verfahren. Der Sachverhalt ist schnell zusammengefasst:

Im Jahr 2013 fand eine Razzia der Polizei in einem in der Düsseldorfer Rethelstraße gelegenen Bordell statt. Neun Verdächtigen – dem Bordellbetreiber und acht seiner Mitarbeiter – wurde vorgeworfen, über 20 Kunden durch Alkohol oder K.-o.-Tropfen betäubt und anschließend deren Kreditkarten bis ans Limit belastet zu haben. Im Jahr 2014 begann die Hauptverhandlung vor dem Landgericht Düsseldorf und endete im Jahr 2018 nach mehr als 250 Hauptverhandlungstagen und Verfahrenskosten, die einige Millionen Euro betragen dürften.

Es geht noch schlimmer. Das Landgericht Düsseldorf kam wenigstens noch zu einer späten Entscheidung. Anders war die Situation am Landgericht Koblenz im Mai 2017. Dort stellte das Gericht nach knapp fünf Jahren und 337 Hauptverhandlungstagen einen Prozess ein, weil der Vorsitzende Richter Ende Juni 2017 in Pension ging. Das Landgericht begründete seinen Einstellungsbeschluss mit dem »Verfahrenshindernis der überlangen Verfahrensdauer«.[49] Das Verfahren hatte fünf Jahre zuvor, im Sommer 2012, mit 26 Angeklagten und 52 Verteidigern begonnen. Der Anklagevorwurf lautete auf Bildung einer kriminellen Vereinigung, Körperverletzung und Sachbeschädigung.

Auf Beschwerde der Staatsanwaltschaft hob das Oberlandesgericht Koblenz den Einstellungsbeschluss auf. Daraufhin begann im Oktober 2018 am Landgericht Koblenz der zweite Prozess. Dieser wurde jedoch schon am zweiten Hauptverhandlungstag wieder ausgesetzt, weil es Unstimmigkeiten über die Zuständigkeit der verhandelnden Strafkammer gab. Am 26. Februar 2019 – und damit sechseinhalb Jahre nach seinem ersten Beginn – startete der Prozess in seine dritte Runde.

Was ist der Grund für derart lange Prozesse? Die angenehmste Antwort aus Richtersicht lautet: Die anderen sind schuld.

Die Schuld der anderen

Jens Gnisa, der Vorsitzende des Deutschen Richterbunds und Direktor des Amtsgerichts Bielefeld, behauptet, es sei heutzutage anders als noch 2001 undenkbar, einen Totschlag an einem Tag zu verhandeln, das Urteil zu sprechen und dieses rechtskräftig werden zu lassen. Den Schwarzen Peter schiebt er den Rechtsanwälten zu: Verteidiger würden nicht mehr kollegial auf das Gericht zugehen, sondern sofort offizielle Beweisanträge und Befangenheitsgesuche stellen.[50]

Das stimmt aber nicht. Die meisten Verteidiger sind sehr kollegial und durchaus vernünftig. Die von Jens Gnisa geschilderte Art der Prozessführung liegt ihnen gänzlich fern. Vielmehr berichten viele Verteidiger, dass Strafkammervorsitzende zahlreiche Verhandlungstermine anberaumen, obwohl sie – die verteidigenden Rechtsanwälte – bereits vorher ein umfassendes Geständnis des Angeklagten angekündigt haben. Selbst nachdem dann frühzeitig zu Beginn der Hauptverhandlung das Geständnis des Angeklagten wie angekündigt erfolgt sei, hätten die Vorsitzenden eine umfangreiche Beweisaufnahme an mehreren Hauptverhandlungstagen, verteilt auf mehrere Wochen, durchgeführt. Es liegt eben nicht immer am angeblich unkollegialen Verteidiger, dass Strafverfahren unnütz in die Länge gezogen werden, sondern in sehr vielen Fällen an der Sitzungsleitung des Vorsitzenden Richters.

Natürlich gibt es einige wenige Strafverteidiger, die aggressiv und bewusst verzögernd verteidigen. Konfliktverteidiger nennt man sie. Allerdings wird die Bezeichnung »Konfliktverteidiger« von einigen Richtern sehr schnell vergeben, wenn sie eigene Unzulänglichkeiten verbergen wollen. Ich habe schon einige Rechtsanwälte, die meine Kollegen gern als »typische Konfliktverteidiger« bezeichnen, als durchaus vernünftige und umgängliche Strafverteidiger kennengelernt, mit denen ich durchaus offen reden kann und die zu einer effizienten Verhandlung absolut beitragen.

Ich erinnere mich an ein Verfahren im Frühjahr 2019, in dem der Angeklagte in einer von mir geleiteten Sitzung des Schöffengerichts zu einer Gesamtfreiheitsstrafe von zwei Jahren und vier Monaten (und damit zu einer Freiheitsstrafe ohne Bewährung) verurteilt wurde, obwohl ihn ein Rechtsanwalt verteidigte, den viele Kollegen als typischen Konfliktverteidiger bezeichnen. Die gesamte Hauptverhandlung dauerte weniger als eine Stunde, das Urteil wurde sogleich rechtskräftig, und zwar nicht zuletzt aufgrund der sachlichen und vernünftigen Verteidigung des angeblichen Konfliktverteidigers, der mir gegenüber nicht erst einmal bewiesen hat, dass er die klassische Bezeichnung des Rechtsanwalts als ein »Organ der Rechtspflege« durchaus verdient. Ein Rechtsanwalt wird nicht bereits dadurch zum Konfliktverteidiger, dass er auf Fehler in der Anklageschrift und Beweisschwierigkeiten hinweist. Das ist sein Job. Und sein Mandant darf erwarten, dass er ihn ebenso engagiert und gewissenhaft ausübt wie ich meinen Beruf.

Bevor man die von den Pressesprechern der Gerichte immer wieder gern angeführten Erklärungen – aggressive Konfliktverteidiger, komplexer Prozessstoff, hohe Belastung der Strafkammer – als Grund für eine auffällig lange Prozessdauer in Betracht zieht, sollte man eine sehr naheliegende Ursache nicht unberücksichtigt lassen: die Verhandlungsführung des Vorsitzenden der Strafkammer.

Fremdwort mit neun Buchstaben: Effizienz

Das Landgericht Hamburg entließ am 30. März 2018 einen am 28. Oktober 2017 wegen »Geiselnahme in Tateinheit mit besonders schwerer Vergewaltigung sowie vorsätzlicher und gefährlicher Körperverletzung und unerlaubten Waffenbesitzes« zu einer Freiheitsstrafe von sechs Jahren und sechs Monaten verurteilten Angeklagten aus der seit Januar 2017 fortdauernden Untersuchungshaft, weil es die zuständige Kammer nicht schaffte, die Urteilsbegründung und das Verhandlungsprotokoll in einer angemessenen Frist schriftlich vorzulegen. Zur Begründung wurden starke Überlastung und Personalmangel angeführt. Das *Hamburger Abendblatt* zitierte den Gerichtssprecher am 29. März 2018 wie folgt: »*Die Kammer war durchgehend mit immer mindestens vier, teilweise sogar mit sechs parallel laufenden Hauptverhandlungen befasst. Es war einfach nicht schneller zu schaffen.*«[51]

Die kürzeste Frist, die ein Gericht zur Verfügung hat, um nach der Urteilsverkündung das Urteil in Schriftform fertigzustellen, beträgt fünf Wochen. Das ist nicht gerade kurz. Sieben Wochen beträgt diese Frist, wenn die Hauptverhandlung länger als drei Tage gedauert hat. Weitere Verlängerungen sieht das Gesetz jeweils nach zehn Tagen vor. In dem erwähnten Rethelstraße-Fall hat das Landgericht Düsseldorf deutlich mehr als ein Jahr – nämlich 73 Wochen – Zeit, um das Urteil zu schreiben.

Objektiv betrachtet ist die Arbeitsbelastung in einer Strafkammer im Vergleich zu der Arbeitsbelastung in einem amtsrichterlichen Strafdezernat verschwindend gering. Die Zahlen sprechen für sich: Das Landgericht Duisburg etwa erledigte im Jahr 2014 seiner Internetpräsentation zufolge mit insgesamt zehn Strafkammern 153 Strafsachen erster Instanz. Ein einziger Strafrichter beim Amtsgericht erledigt durchschnittlich etwa 500 Verfahren im Jahr. Ein Richter einer Strafkammer bei einem Landgericht bearbeitet in einem *Jahr* maximal zehn erstinstanzliche Verfahren. Das sind ebenso viele Verfahren, wie ein Strafrichter an einem Amtsgericht zu bearbeiten hat, und zwar in einer sehr, sehr ruhigen *Woche*. Dieser idyllische Zustand in Strafkammern ist nicht neu. Ein Kollege beschrieb seine Zeit als Richter in der Strafkammer des Landgerichts einmal so: »*Zu der Zeit, als ich in der Strafkammer war, lief gerade die Fußball-Weltmeisterschaft in Südkorea und Japan. Ich hatte damals so viel Freizeit, dass ich jedes Spiel sehen konnte. Und ich meine damit nicht jedes Spiel der deutschen Nationalmannschaft, sondern jedes Spiel, das gezeigt wurde.*«

Nun behaupten einige Strafkammermitglieder, die Verfahren beim Landgericht seien äußerst komplex im Vergleich zu den amtsrichterlichen Verfahren. *»Beim Amtsgericht geht es ja um nichts!«*, sagte mir mal ein Strafrichter einer Landgerichtskammer in ebenso überzeugtem wie arrogantem Tonfall. Eine interessante Sichtweise des Kollegen. Denn ob es bei amtsgerichtlichen Strafverfahren, in denen bis zu vier Jahre Freiheitsstrafe verhängt werden, tatsächlich »um nichts« geht, ist Ansichtssache. Ein zu einer Freiheitsstrafe von vier Jahren verurteilter Straftäter könnte es glatt anders sehen. Ebenso falsch ist die Annahme, die Verfahren vor der Strafkammer seien ungleich komplexer als die Verfahren vor den Amtsgerichten. Das kann in Einzelfällen zutreffend sein, die Regel ist es jedoch nicht, wie folgender erdachter Fall zeigen könnte:

Der hünenhafte Klaus hat Geldsorgen und beschließt, eine Frittenbude zu überfallen. Er betritt die Frittenbude und sagt zu der Bedienung: »Beweg dich nicht! Sonst bist du tot!« Die Bedienung hält aus Angst still, Klaus greift in die Kasse und flieht. Er wird gefasst und gesteht alles. Zusätzlich ist die Tat auf Video aufgezeichnet. Klaus wird wegen Raubes beim Amtsgericht (dort beim Schöffengericht) angeklagt.

Stellen Sie sich nun folgende Abwandlung vor:

Klaus betritt die Frittenbude, hält der Bedienung ein auf der Theke liegendes Steakmesser vor die Nase und sagt: »Beweg dich nicht! Sonst bist du tot!« Die Bedienung hält aus Angst still, Klaus greift in die Kasse und flieht. Er wird gefasst und gesteht alles. Zusätzlich ist die Tat auf Video aufgezeichnet. Klaus wird wegen schweren Raubes beim Landgericht angeklagt.

Diese Abwandlung macht den Fall kaum komplexer, führt aber dazu, dass das Verfahren vor dem Landgericht und nicht vor dem Amtsgericht verhandelt wird. Denn während der Raub mit einer Freiheitsstrafe von nicht unter einem Jahr bestraft wird, § 249 Absatz 1 Strafgesetzbuch, wird der schwere Raub, wenn etwa wie im oben geschilderten Fall eine Waffe oder ein gefährliches Werkzeug wie ein Messer verwendet wird, mit einer Freiheitsstrafe von nicht unter fünf Jahren bestraft, § 250 Absatz 2 Strafgesetzbuch. Und hierfür ist nun einmal die Strafkammer des Landgerichts zuständig.

Gleichwohl: Die Strafverfahren bei den Landgerichten dauern sehr viel länger als die Strafverfahren beim Amtsgericht – durchschnittlich doppelt so lang. Doch das liegt selten an der Komplexität des Falls. Der Grund ist häufig ein ganz anderer: Viele Strafkammervorsitzende entdecken immer bessere Möglichkeiten, um ineffizient zu arbeiten. Meisterhaft entwickeln sie Zeitfresser, die das Verfahren unnötig verlängern. So zum Beispiel die sogenannte Fassungsberatung, also die Abstimmung innerhalb der Kammer über den genauen Wortlaut der Urteilsbegründung. Hier werden teilweise Stunden mit der Überlegung vergeudet, ob an einer bestimmten Stelle im Urteil besser »da« oder »weil« stehen sollte. Ein solches Vorgehen ist verhaltensauffällig. Völlig überflüssig, jedoch nicht selten sind Fassungsberatungen bei rechtskräftigen Urteilen, wenn kein Rechtsmittel innerhalb der Rechtsmittelfrist eingelegt oder sogar auf Rechtsmittel verzichtet wurde. In diesen Fällen ist der genaue Wortlaut des Urteils vollkommen gleichgültig, das Urteil könnte ohne Weiteres – bei einfach gelagerten Sachverhalten – auf wenigen Seiten abgefasst werden. Zumal eine solche gekürzte Abfassung der Urteilsgründe vom Gesetz sogar ausdrücklich in § 267 Abs. 4

der Strafprozessordnung vorgesehen ist. Dennoch werden auch in solchen Fällen nicht selten Urteile dick wie Bücher geschrieben. Nun behaupten viele Strafkammervorsitzende mit Überzeugung, der Bundesgerichtshof erwarte solche langen Urteilsbegründungen. Nein, das tut er nicht. Im Gegenteil hasst der Bundesgerichtshof lange Urteile mit überflüssigen Ausführungen. Im Jahr 2017 hatte der Bundesgerichtshof über eine Revision gegen ein Urteil des Landgerichts Köln mit einem Umfang von 1300 Seiten zu entscheiden. Der Bundesgerichtshof äußerte hierzu: »*Die Sachverhaltsschilderung soll kurz, klar und bestimmt sein und alles Unwesentliche fortlassen. Gleiches gilt entsprechend für die Beweiswürdigung (...). Vor dem Hintergrund dieser Rechtsprechung nötigt das angefochtene, knapp 1300 Seiten lange Urteil zu dem Hinweis, dass mit dieser Rechtsprechung nicht bloß unverbindliche stilistische Maßgaben aufgestellt werden sollen, sondern dass es sich insoweit um die einzuhaltenden gesetzlichen Vorgaben des § 267 Abs. 1 bis 3 StPO handelt.*«

Der Bundesgerichtshof sagt damit auf seine unnachahmliche Art: »Kurz und klar heißt: kurz und klar.« Und davon abgesehen, ob der Bundesgerichtshof langatmige Urteilsausführungen schätzt oder nicht: Gelingt es wirklich, auf über 100 oder 1000 Seiten das überzeugender darzulegen, was auf 20 Seiten nicht überzeugend dargelegt werden kann? Einen schuldigen Täter muss man nicht davon überzeugen, dass er schuldig ist. Der weiß das! Einen Unschuldigen kann man nicht davon überzeugen, dass er schuldig ist. Auch nicht, wenn man 10 000 Seiten vollkritzelt.

Bei vielen Strafkammervorsitzenden sind jedoch die beschriebenen Charaktereigenschaften eines mangelnden Selbstbewusstseins und eines übersteigerten Machtverlangens besonders ausgeprägt. Hiermit verträgt es sich schlecht, dass Strafrecht eines der einfachsten Rechtsgebiete ist. Strafrecht ist simpel. Das muss es sein. Jeder Mensch soll leicht verstehen können, was verboten ist. Aus diesem Grund ist Strafrecht dann effektiv, wenn es leicht verständlich ist. Jeder Mensch – nicht nur ein Richter – muss einen Sachverhalt strafrechtlich beurteilen können. Hinzu kommt, dass die Hauptarbeit in einem Strafverfahren bereits längst getan ist, bevor die Akte erstmals von einem Richter gelesen wird. Denn die Hauptarbeit erledigen in jedem Strafprozess Polizei und Staatsanwaltschaft. Sie ermitteln den gesamten Prozessstoff, ordnen und bereiten ihn auf. Wenn Staatsanwaltschaft und Polizei gute Arbeit leisten, was in den allermeisten Fällen zutrifft, dann ist die Aufgabe des Richters – ganz gleich, ob als Strafrichter beim Amtsgericht oder als Vorsitzender einer Strafkammer – ausgesprochen simpel.

Das Wissen um diese Einfachheit des Strafrechts bekommt jedoch dem ohnehin geringen Selbstbewusstsein einiger Strafrichter überhaupt nicht gut. Deshalb suchen sie nach einer Möglichkeit, ihre Tätigkeit nach außen erkennbar anspruchsvoller erscheinen zu lassen, als sie es ist. Sie führen überflüssige Beweisaufnahmen durch, sie schreiben unnötige und pseudointellektuelle Urteilsbegründungen. Zum Teil nimmt dies irrsinnige Auswüchse an – wie in dem oben geschilderten Fall des über 1000 Seiten langen Urteils des Landgerichts Köln.

Wenn einige meiner Kollegen eine juristisch-intellektuelle Herausforderung suchen, empfehle ich den Wechsel von der Strafkammer in eine Zivilkammer. Denn das Zivilrecht ist und bleibt der König der Rechtswissenschaften. Hier finden sich die Rechtsfragen, die Übung am »juristischen Hochreck« erfordern. Nicht im Strafrecht. Auch wenn man noch so lange und verzweifelt danach sucht. Wahrscheinlich scheuen deshalb die meisten Strafkammervorsitzenden einen Wechsel in die Zivilkammer wie der Teufel das Weihwasser. Hier kommt ihnen meist die bereits beschriebene Vetternwirtschaft der Präsidien zugute, die dafür sorgen, dass die Vorsitzenden der Strafkammern auch immer Vorsitzende der Strafkammern bleiben.

Viele Strafkammern verschwenden den größten Teil ihrer Arbeitszeit auf Kosten ihrer Kollegen in den Zivilkammern. In kaum einem Landgericht könnten nicht eine oder sogar mehrere Strafkammern geschlossen werden, wenn die verbleibenden Strafkammern nur effizient arbeiten würden.

Das bereits erwähnte Loveparade-Verfahren wird zurzeit von einer Strafkammer am Landgericht Duisburg verhandelt. Auch dieses Verfahren ist – seitdem es bei Gericht anhängig ist – geprägt von Ineffizienz. Zunächst benötigte eine Strafkammer des Landgerichts mehr als zwei Jahre, um die Nichteröffnung des Hauptverfahrens zu beschließen. Dieser Beschluss des Landgerichts über die im Februar 2014 erhobene Anklage erging erst im März 2016. Nachdem das Oberlandesgericht Düsseldorf am 18. April 2017 den Nichteröffnungsbeschluss des Landgerichts Düsseldorf aufgehoben, die Anklage zur Hauptverhandlung zugelassen und das Hauptverfahren eröffnet hat, ist das Verfahren erneut bei dem Landgericht Duisburg anhängig. Die Hauptverhandlung begann erst acht Monate später, im Dezember 2017. Zunächst sechs, mittlerweile nur noch fünf Richter (davon zwei Ergänzungsrichter) befassen sich ausschließlich mit diesem Verfahren. Die Hauptverhandlung findet nicht in den Räumen des Landgerichts statt, sondern in einem Saal des Kongresszentrums in Düsseldorf. Für jeden Verhandlungstag werden mehr als 40 Wachtmeister als Saalschutz benötigt, die unter anderem aus den Amtsgerichten des Bezirks abgezogen werden und dort fehlen. An einigen Verhandlungstagen kommen auf einen Zuschauer zehn Wachtmeister. Gegen einige der ursprünglichen Angeklagten ist das Verfahren bereits eingestellt worden. Es würde mich nicht wundern, wenn das Verfahren auch gegen die verbliebenen Angeklagten schließlich im Jahr 2020 eingestellt werden würde, weil es der Strafkammer nicht gelingt, rechtzeitig ein Urteil zu sprechen, und die Taten deshalb verjähren. Dann wird die Aufregung in der Presse wieder groß sein. Und das zu Recht: Ein Richter, der nicht in der Lage ist, eine Entscheidung zu treffen – ob diese nun Schuld- oder Freispruch lautet –, leistet dem Rechtsstaat einen schlechten Dienst. Aber auch in diesem Fall wird seitens des Pressesprechers des Gerichts wieder eine Ausrede gesucht und gefunden werden. Die Gutachter waren zu langsam, der Prozessstoff war zu umfassend, die Staatsanwaltschaft hat zu spät Anklage erhoben. Irgendein Schuldiger wird bestimmt gefunden werden. Außerhalb des Gerichts natürlich.

Während komplexer Prozessstoff, umfangreiche Beweisaufnahmen und Konfliktverteidiger regelmäßig nur Ausreden darstellen, um über eine ineffiziente Verhandlungsführung des Vorsitzenden hinwegzutäuschen, verdient eine weitere Ursache für eine überlange Verfahrensdauer noch besondere Aufmerksamkeit.

Die Bummelbahn des Rechts: der Instanzenzug

Viele moderne Rechtsordnungen kennen das mehrstufige Verfahren, den sogenannten Instanzenzug. Auch die deutschen Verfahrensordnungen gewähren (in den allermeisten Fällen) eine

Überprüfung der Entscheidungen (Urteile und Beschlüsse) der unteren Gerichte.

Bei vielen Menschen hat sich daher der Gedanke verfestigt, mehr Instanzen bedeuten auch effektiveren Rechtsschutz und damit »mehr Gerechtigkeit«. Das ist nicht zwingend der Fall. Ein effektiver Rechtsschutz setzt nicht nur voraus, dass Gerichte das Recht feststellen, sondern auch die Durchsetzung des festgestellten Rechts. Und hierbei spielt der Zeitfaktor eine äußerst wichtige Rolle. Das Recht muss zunächst festgestellt werden. Und das kann mitunter recht lange dauern. Was nützt es Ihnen, wenn Sie einen Zahlungsanspruch gegen jemanden haben und die Gerichte so lange brauchen, um Ihnen ein Urteil zu verschaffen, dass ihr Schuldner mittlerweile insolvent oder verstorben ist? Beides kommt häufiger vor, als man annehmen sollte. Verfahrensdauern von mehr als fünf Jahren sind leider gar nicht so selten. Die Gewährung eines mehrstufigen Verfahrens verursacht daher zunächst einmal nur eine Verzögerung und damit einen weniger effektiven Rechtsschutz.

Möglicherweise steht der Verzögerung jedoch eine Verbesserung des Rechtsschutzes gegenüber. Das wäre jedenfalls dann der Fall, wenn die erstinstanzlichen Entscheidungen in der zweiten (oder dritten Instanz) regelmäßig oder doch in einem hohen Maße abgeändert werden würden – und wenn wir mal unterstellen, dass die Entscheidung der höheren Instanz richtiger ist als die ursprüngliche Entscheidung …

Betrachten wir zunächst die *Zivilverfahren* deutschlandweit: Im Jahr 2017 hatten die Amtsgerichte der Bundesrepublik Deutschland 936 979 neue Zivilverfahren zu bearbeiten. Bei mehr als 99 Prozent der Zivilverfahren vor den Amtsgerichten akzeptierten die Parteien entweder das amtsgerichtliche Urteil (ca. 95 Prozent) oder die Entscheidung wurde in der Berufungs-instanz bestätigt (ca. 4,3 Prozent). Bei den landgerichtlichen Zivilurteilen beträgt diese Quote lediglich 89 Prozent.[52] Also kann jedenfalls bei dem amtsgerichtlichen Zivilverfahren nicht davon ausgegangen werden, dass die Möglichkeit eines mehr-stufigen Rechtssystems auch einen verbesserten Rechtsschutz darstellt. Vielmehr bleibt es in 99 von 100 Fällen bei dem, was das Amtsgericht entschieden hat. Diese beeindruckende Quote rechtfertigt es, die Möglichkeit der Rechtsmitteleinlegung gegen amtsgerichtliche Zivilurteile einzuschränken. Der Gesetzgeber sollte den Wert des Beschwerdegegenstands erhöhen, ab dem eine Berufung zulässig ist. Gegenwärtig muss dieser lediglich 600 Euro übersteigen. Eine Verdoppelung auf 1200 Euro ist ohne Weiteres angezeigt.

Anders stellt sich die Situation bei den deutschlandweit ver-handelten *Strafverfahren* dar: Das deutsche Strafrechtssystem lässt es zu, nahezu jede erstinstanzliche Gerichtsentscheidung mindestens zweimal zu überprüfen. Denn 98 Prozent aller Straf-verfahren in der Bundesrepublik Deutschland beginnen beim Amtsgericht. Und gegen diese Strafurteile des Amtsgerichts, un-abhängig davon, ob sie von einem Einzelrichter oder dem Schöf-fengericht entschieden werden, ist das Rechtsmittel der Berufung gegeben. In der Berufungsinstanz entscheidet eine kleine Straf-kammer beim Landgericht in der Sache völlig neu. Das bedeu-tet, das Landgericht führt erneut eine eigene Beweisaufnahme durch. Es vernimmt Zeugen, hört Sachverständige an oder führt Ortsbesichtigungen durch. Gegen das zweitinstanzliche Urteil des Landgerichts, das Berufungsurteil, ist das Rechtsmittel der Revision zum Oberlandesgericht gegeben. Das Oberlandesge-richt prüft das Berufungsurteil des Landgerichts lediglich auf formaljuristische Fehler. Eine eigene Beweisaufnahme führt das Oberlandesgericht nicht durch.

Anders ist die Rechtslage bei den Verfahren, die bereits beim Landgericht beginnen, also etwa bei zwei von 100 Strafverfahren. Hier gibt es keine zweite Tatsacheninstanz. Das einzige Rechtsmittel gegen erstinstanzliche Urteile des Landgerichts ist die Revision zum Bundesgerichtshof. Der Bundesgerichtshof vernimmt keine Zeugen und hört keine Sachverständigen an. Er überprüft das Urteil des Landgerichts ausschließlich auf formaljuristische Fehler. Das Landgericht wird erstinstanzlich immer dann tätig, wenn sogenannte Kapitaldelikte wie Mord oder Totschlag angeklagt werden. Aber auch dann, wenn Freiheitsstrafen von mehr als vier Jahren zu erwarten sind. Also insbesondere bei Raubdelikten, schweren Brandstiftungen, Freiheitsberaubungen usw. In all diesen Fällen beurteilt nur eine Instanz den Tathergang, den Hintergrund und die Motive.

Mit anderen Worten: Ein Mensch, den das Amtsgericht fehlerhaft wegen Erschleichen von Leistungen (zum Beispiel Fahren in der Straßenbahn, ohne das Fahrticket für 3,50 Euro erworben zu haben) zu einer Geldstrafe von 20 Tagessätzen zu je 5 Euro (insgesamt 100 Euro) verurteilt, hat mehr Chancen auf eine Urteilskorrektur, als ein Mensch, den das Landgericht fehlerhaft wegen Mordes zu lebenslanger Freiheitsstrafe verurteilt.

Fehlurteile des Landgerichts, die auf Irrtümern in der Sache beruhen, sind kaum mehr zu ändern – Ralf Eschenbach, Richter am Bundesgerichtshof, schätzt, dass jedes vierte Strafurteil ein Fehlurteil ist.[53] Dieser Umstand wird seit Jahrzehnten vollkommen zu Recht kritisiert. Die Einführung einer zweiten Tatsacheninstanz für Strafurteile des Landgerichts ist längst überfällig. Sie wird von zahlreichen Strafverteidigern gefordert.[54] Der Hauptgrund, weshalb eine zweite Tatsacheninstanz gegen landgericht-liche Strafurteile nicht geschaffen wird, sind die hierdurch ent-stehenden Kosten. Jedoch wären die Kostenfolgen angesichts der ohnehin nur sehr geringen Fallzahlen erstinstanzlicher Landge-richtsurteile überschaubar. Denn deutschlandweit beginnen nur 2 Prozent aller strafrechtlichen Neuverfahren beim Landgericht. Die durch die Einrichtung einer zweiten Tatsacheninstanz gegen landgerichtliche Strafurteile entstehenden Kosten könnten so-gar teilweise kompensiert werden, wenn gleichzeitig – wie oben vorgeschlagen – das Rechtsmittel gegen amtsgerichtliche Zivil-urteile auf einen Beschwerdewert von mindestens 1200 Euro beschränkt werden würde.

Die Dauer landgerichtlicher Strafverfahren ist also im Ein-zelfall unter Rechtsschutzgesichtspunkten inakzeptabel, was in den seltensten Fällen auf Umstände zurückzuführen ist, die vom Gericht nicht beherrscht werden können. Der häufigste Grund einer überlangen Verfahrensdauer ist die zögerliche Ver-handlungsführung des Vorsitzenden. Vielleicht würden längere Verfahrensdauern von der Bevölkerung noch hingenommen werden, wenn die Entscheidung mit ihrem Rechtsempfinden in Einklang stünde. Doch auch dies ist leider immer seltener der Fall.

Butterweiche Strafurteile

Haben wir in Deutschland eine »Kuscheljustiz«? Da gehen die Meinungen – auch in meinem Kollegenkreis – sehr stark ausei-nander. Einige sogenannte Experten behaupten, das sei gerade nicht der Fall. Im Gegenteil würden Gerichte in den letzten Jahren härtere Strafen ausurteilen als noch vor einigen Jahren. Als Argument wird dann etwa vorgetragen, für eine gefährliche Körperverletzung sei früher durchschnittlich eine Freiheitsstrafe von acht Monaten verhängt worden, während heutzutage in der Regel zehn Monate Freiheitsstrafe verhängt würden. Hieraus lässt sich jedoch nur scheinbar ein härteres Vorgehen der Gerichte ableiten. Denn zunächst müsste man prüfen, welche Art Körperverletzung vor einigen Jahren durchschnittlich war und welche es heute ist. War früher eine durchschnittliche gefährliche Körperverletzung der Tritt mit dem sogenannten beschuhten Fuß in den Unterleib und ist es heutzutage der Stich mit dem Messer in den Oberkörper, sind die Taten in ihrer Gefährlichkeit dermaßen unterschiedlich, dass sie selbstverständlich ein unterschiedliches Strafmaß nach sich ziehen. Dann ist es kaum angezeigt zu behaupten, die Strafen seien im Durchschnitt härter geworden. Das wäre doch nur dann der Fall, wenn dieselbe Art der Körperverletzung, also zum Beispiel ein Tritt in den Unterleib, heutzutage härter bestraft werden würde als früher. Wenn Sie früher überwiegend Mineralwasser getrunken haben, heute jedoch überwiegend Champagner trinken, dann wäre die pauschale Aussage »Getränke waren früher günstiger« kaum zutreffend.

Andere Länder, andere Sitten ...

Wenn Sie in Thailand Urlaub machen und den dortigen König (Maha Vajiralongkorn Bodindradebayavarangkun oder Rama X.) beleidigen, dann haben Sie ein Problem: Gemäß Artikel 112 des thailändischen Strafgesetzbuchs können beleidigende Äußerungen gegenüber dem König und der königlichen Familie mit Gefängnisstrafen von bis zu 15 Jahren pro Tat geahndet werden.

Und immerhin bis zu sieben Jahre Gefängnis drohen Ihnen dort, wenn Sie ausländische Könige oder Staatschefs beleidigen. Mit anderen Worten: In Thailand hat man bei Majestätsbeleidigung nichts zu lachen. Ganz anders – das wissen wir seit Böhmermanns Gedicht – in Deutschland. Hier haben bei Majestätsbeleidigung alle etwas zu lachen. Und wenn uns dann auffällt, dass auch nach unserem Strafgesetzbuch die Majestätsbeleidigung strafbar ist – § 103 des Strafgesetzbuchs sah immerhin eine Freiheitsstrafe von bis zu drei Jahren vor –, dann schaffen wir eben das Gesetz ab. Was also in Thailand sieben Jahre Knast bedeutet, ringt uns in Deutschland nur ein müdes Lächeln ab. Die gleiche Tat wird in einem Land schwer und in einem anderen Land leicht oder sogar gar nicht bestraft. Andere Länder, andere Sitten. Und andere Gesetze. So weit, so gut. Aber was ist mit der gleichen Tat in ein und demselben Land? Da muss doch dieselbe Strafe drohen – oder doch nicht?

Ein Beispiel: Zwei junge Männer mit hochgetunten Autos finden sich und ihre Karren geil. Was liegt näher, als ein Rennen zu fahren? Durch eine dicht besiedelte Innenstadt. Mit Geschwindigkeiten von mindestens 95 km/h. Und unter Missachtung sämtlicher Verkehrsregeln, die stören bei einem Rennen ja nur. Es kommt zu einem Unfall mit einer unbeteiligten Person, die dabei getötet wird. Kann dieser Fall unterschiedliche Folgen haben, zum Beispiel in Deutschland milder bestraft werden als in Thailand? Ja, andere Länder, andere Sitten und andere Gesetze. Aber was ist, wenn der Fall von zwei deutschen Gerichten verhandelt wird, etwa dem Landgericht Köln und dem Landgericht Berlin. Kann der gleiche Fall dann entweder als fahrlässige Tötung angesehen werden oder als Mord? Das wäre ein gewaltiger Unterschied. Eine fahrlässige Tötung wird gemäß

§ 222 Strafgesetzbuch mit Freiheitsstrafe bis zu fünf Jahren oder mit Geldstrafe geahndet, ein Mord mit lebenslanger Freiheitsstrafe gemäß § 211 Strafgesetzbuch. Können zwei Gerichte den gleichen Fall tatsächlich so unterschiedlich bewerten? Es ist in der Tat schwer vorstellbar und doch …

Am 14. April 2015, einem Dienstag, um etwa 18:45 Uhr lieferten sich Firat und Erkan in Köln-Deutz ein Straßenrennen. Erkan verlor bei einer Geschwindigkeit von mindestens 95 km/h in einer Kurvenfahrt die Kontrolle über seinen BMW, schleuderte auf den Radweg und erfasste dort mit einer Geschwindigkeit von mindestens noch 48 km/h die 19-jährige Studentin Miriam, die mit ihrem Fahrrad auf dem Heimweg war. Miriam wurde in das neben dem Weg wachsende Gebüsch geschleudert. Drei Tage später starb Miriam an den Verletzungsfolgen. Noch vor Ort stritt Firat ab, mit Erkan ein Rennen gefahren zu sein, und behauptete, er und Erkan seien ganz gemütlich gefahren. Firat interessierte sich nicht für den Gesundheitszustand von Miriam, sondern machte sich Sorgen um sein Fahrzeug. Einen Polizeibeamten, der die Unfallspuren markierte, forderte er auf: »Passen Sie auf mit der Sprühkreide, die Felgen haben 3000 Euro gekostet!«

Ein Jahr später, im April 2016 verurteilte das Landgericht Köln[55] Erkan und Firat wegen fahrlässiger Tötung zu Freiheitsstrafen von zwei Jahren (Erkan) und von einem Jahr und neun Monaten (Firat). Beide Freiheitsstrafen setzte das Landgericht Köln zur Bewährung aus. Die Staatsanwaltschaft legte gegen das Urteil Revision ein. Der Bundesgerichtshof hob das Urteil im Juli 2017 auf und verwies es zur erneuten Entscheidung an das Landgericht Köln zurück.[56] Zur Begründung führte der Bundesgerichtshof unter anderem an, die Kölner Landrichter hätten bei ihrer Entscheidung einer Strafaussetzung zur Bewährung die Frage unbeantwortet gelassen, ob durch ihre Entscheidung die Rechtstreue einer über die Besonderheiten des Einzelfalls aufgeklärten Bevölkerung beeinträchtigt wird und die Strafaussetzung von der Allgemeinheit als *ungerechtfertigtes Zurückweichen vor der Kriminalität* angesehen werden könnte.

Im März 2018 kam es deshalb zu einer neuen Entscheidung des Landgerichts Köln. Zwar blieb es bei der Verurteilung wegen fahrlässiger Tötung zu Freiheitsstrafen von zwei Jahren (Erkan) und von einem Jahr und neun Monaten (Firat). Dieses Mal jedoch wurden die Freiheitsstrafen nicht zur Bewährung ausgesetzt. Das Urteil wurde rechtskräftig.

Anders in Berlin:

Am 1. Februar 2016, einem Montag, um etwa 00:30 Uhr lieferten sich Hamdi und Marvin ein Straßenrennen mitten in Berlin mit Geschwindigkeiten von bis zu 160 km/h. Marvin fuhr unkontrolliert und bei roter Ampel in eine schlecht einsehbare Kreuzung ein. Er erfasste den Jeep des 69-jährigen Arztes im Ruhestand Michael W. und schleuderte das Fahrzeug mehr als 70 Meter und mit einer Geschwindigkeit von etwa 60 km/h durch die Luft. Michael W. erlitt zahlreiche Knochenbrüche, Schädel- und Hirnverletzungen, Einblutungen in Lunge, Herz, Leber und Milz. Er verstarb noch an der Unfallstelle.

Das Landgericht Berlin verurteilte Hamdi und Marvin im Februar 2017 jeweils wegen Mordes in Tateinheit mit gefährlicher Körperverletzung und vorsätzlicher Gefährdung des Straßenverkehrs zu lebenslangen Freiheitsstrafen.[57] Marvin und Hamdi legten gegen das Urteil Revision ein. Der Bundesgerichtshof hob daraufhin die Entscheidung des Berliner Landgerichts auf und verwies das Verfahren zur erneuten Entscheidung an das Landgericht Berlin zurück. Der bedingte Tötungsvorsatz – so der Bundesgerichtshof – habe nach den Feststellungen des Landgerichts Berlin erst zu dem Zeitpunkt bestanden, als Hamdi und Marvin auf die Unfallkreuzung zugefahren seien. Zu diesem Zeitpunkt hätten sie jedoch keine Möglichkeit mehr gehabt, den Zusammenstoß zu verhindern.[58] Im März 2019 verurteilte daraufhin das Landgericht Berlin Hamdi und Marvin erneut jeweils wegen Mordes zu lebenslangen Freiheitsstrafen. Wie auch in der Entscheidung im Jahr 2017 stellte das Landgericht Berlin fest, dass Hamdi und Marvin nicht fahrlässig, sondern mit (bedingtem) Tötungsvorsatz handelten, also bei ihrem Rennen den Tod eines anderen Menschen jedenfalls billigend in Kauf nahmen. Das Urteil ist zum gegenwärtigen Zeitpunkt (Stand 21. April 2019) noch nicht rechtskräftig. Hamdi und Marvin haben erneut Revision eingelegt.

Was unterscheidet diese beiden Fälle wesentlich voneinander? Auf den ersten Blick nichts. Auf den zweiten Blick aber auch nichts – oder doch?

Die Richter des Landgerichts Köln nahmen an, dass Firat und Erkan fahrlässig handelten, als sie das Rennen fuhren, bei dem die 19-jährige Studentin Miriam getötet wurde. Schon im Interesse ihrer eigenen körperlichen Unversehrtheit, die bei einem Verkehrsunfall ebenfalls in Gefahr sei, sei die Annahme fernliegend, Erkan und Firat hätten einen massiven Unfall, bei dem andere zu Tode kommen würden, billigend in Kauf genommen, so argumentierte das Landgericht Köln.

Die Richter des Landgerichts Berlin hingegen sind der Auffassung, dass Hamdi und Marvin (bedingt) vorsätzlich handelten, als sie das Rennen fuhren, bei dem Michael W. getötet wurde. Die Angeklagten hätten sich mit der tödlichen Tatbestandsverwirklichung abgefunden, wissentlich eine große, anschauliche und konkrete Lebensgefahr geschaffen, sich gegenüber der erkannten Möglichkeit des Erfolgseintritts gleichgültig verhalten und seien aufgrund ihrer Motivation (das Rennen zu gewinnen) bereit gewesen, schwerste Folgen in Kauf zu nehmen.

Die in beiden Fällen entscheidende Frage lautet: Handelten die Hobby-Rennfahrer bedingt vorsätzlich, als sie einen anderen Menschen töteten? Nahmen sie billigend in Kauf, dass bei ihrem jeweiligen Rennen ein Unbeteiligter getötet wird, das heißt, war es ihnen (jedenfalls) gleichgültig? Oder hofften sie, dass alles gut geht und niemand schwer oder gar tödlich verletzt wird? Darauf kommt es an. Was denkt jemand, der im öffentlichen Straßenverkehr in einer dicht besiedelten Innenstadt mit hochgetunten Fahrzeugen unter Missachtung der Verkehrsregeln und mit Geschwindigkeiten von mindestens 95 km/h ein Rennen fährt, bei dem er sein Auto in ein tödliches und unbeherrschbares Projektil verwandelt, das nicht nur einen einzelnen Menschen, sondern ganze Menschengruppen auslöschen kann? Denkt er: »Es wird schon alles gut gehen, da wird schon kein armer Unbeteiligter Schaden nehmen, verletzt oder gar getötet werden« – dann wäre es Fahrlässigkeit, wie es auch das Landgericht Köln gesehen hat. Oder denkt er sich: »Na und wenn schon, ist mir doch scheißegal, ich fahre hier ein Rennen« – dann wäre es (bedingter) Tötungsvorsatz, was auch das Landgericht Berlin annimmt. Ein Richter ist im Gedankenlesen auch nicht besser als ein Laie – und in der Regel nicht ausreichend in Aussagepsychologie geschult. Was meinen Sie, was so ein Rennfahrer denkt? Ach, wie interessant! Das meine ich auch.

Natürlich hätte die Annahme eines entsprechenden Vorsatzes durch das Landgericht Köln zur Folge gehabt, dass die Angeklagten wegen Mordes hätten verurteilt werden müssen. Die Richter des Landgerichts Köln hätten eine lebenslange Freiheitsstrafe verhängen müssen. Sie hätten die Verantwortung zu tragen, zwei junge Männer für einen Zeitraum von mindestens 15 Jahren ins Gefängnis zu schicken.[59] Waren die Scheu vor dieser Verantwortung und das Mitgefühl für die jungen Täter unterbewusst mitursächlich für die unterschiedliche rechtliche Bewertung der sich auffallend stark gleichenden Sachverhalte?

Folter und Mindeststrafe?

Der folgende Fall hat sogar mich überrascht, und zwar in zweifacher Hinsicht: zum einen hinsichtlich der Abartigkeit und Brutalität, mit der die Täter vorgegangen sind. Bei der Schilderung des Sachverhalts fühlt man sich vielleicht an eine Episode der bekannten Fernsehserie *Criminal Minds* oder an Horrorfilme wie *Saw* oder *Hostel* erinnert. Zum anderen verblüffte mich das ungewöhnlich milde Urteil des Landgerichts. Doch zunächst zum Sachverhalt:

Als mein Handy klingelte, erkannte ich sofort die Nummer von Nicklas, einem Kriminalkommissar des Bezirks. Er und einige seiner Kollegen kannten, als ich noch Haftrichter war, meine private Handynummer, was die Zusammenarbeit ungemein erleichterte. »Grüß dich, Thorsten! Bist du im Dienst? Wir haben da ein paar Vorführungen. Aber ...« Nicklas machte eine Pause. Eine auffällig lange Pause. »Aber was?«, fragte ich. »Mach dich auf was gefasst. So was habe ich noch nie gesehen, keiner von uns hier.« Meine Neugier war geweckt.

Wenn ein so alter Hase wie Nicklas etwas noch nie gesehen hatte, musste es sich wirklich um einen außergewöhnlichen Fall handeln.

Ein paar Tage zuvor hatte der mehrfach vorbestrafte Klaus den ihm bekannten Philipp aufgesucht mit dem Plan, ihn zu foltern, bis Philipp ihm 600 Euro zahlte. Mithilfe seines Bekannten Ralf gelang es Klaus, Philipp in seine Wohnung zu locken. Dann begann Philipps Albtraum, der insgesamt über 40 (vierzig!) Stunden dauern sollte: Klaus, Ralf und weitere Männer schlugen zunächst mit den Fäusten, im weiteren Verlauf auch mit einer Gerte, einem Stromkabel und einem Plastikdildo auf Philipp ein und hielten ihm eine durchgeladene Schreckschusspistole an den Hals. Dann zwangen sie Philipp, ein Pulver aus Pfeffer und Chilipulver durch die Nase zu ziehen. Sie träufelten Desinfektionsmittel und einen Treibstoff für Modellautos in seine Nase und seinen Rachenraum, wodurch Philipp für mehrere Wochen den Geruchssinn verlor. Dann steckten sie zehn Stecknadeln bis zum Anschlag in Philipps beide Oberschenkel und lachten, weil Philipp infolge der Blockierung der Oberschenkelmuskeln nicht mehr aufstehen konnte. Aus Ruß und einer Körpermilch mischten sie eine Farbe und tätowierten damit Philipps Hände. Hierdurch blieben dauerhafte und gut sichtbare Punkte an seinen Händen zurück. Schließlich legten sie Philipps Hände auf einen Aluminiumkoffer und trieben mehrere Nägel durch seine Fingerzwischenhäute, sodass die Hände auf dem Koffer festgenagelt wurden. Philipp musste eine Nacht mit dem an seine Hände genagelten Aluminiumkoffer verbringen. Am nächsten Tag nahmen sie zwei Spieße und steckten diese in Philipps Kopfhaut. An die Spieße hängten sie eine Kette. Zum krönenden Abschluss ihrer Abartigkeiten legten sie Philipp ein Halsband mit einer Kette an und führten ihn wie ein Stück Vieh durch einen nahe gelegenen Park. Philipps Hände waren weiterhin an den Aluminiumkoffer genagelt, die Spieße mit der Kette steckten in seiner Kopfhaut. Erst im

Verlauf des Nachmittags entfernten sie die Spieße. Sodann hebelten sie mit einem Zollstock Philipps Hände von dem Aluminiumkoffer. Großzügig gestatteten sie Philipp, dass er die Nägel aus seinen Händen entfernen dürfe. Dann hielten sie Philipp ein Messer vor die Nase und sagten ihm, dass er gehen dürfe, aber nur, wenn er zuvor zwei Spielekonsolen im Wert von 400 Euro in einem Kaufhaus stehle und ihnen überlasse. Phillip willigte ein. Als sie Philipp zum Kaufhaus brachten, gelang ihm die Flucht.

Neben der Versorgung der körperlichen Verletzungen musste Philipp auch mehrere Wochen lang stationär in der Psychiatrie behandelt werden.

Die Beweislage war erdrückend, da die Täter die »Freundlichkeit« besessen hatten, ihre ekelhaften Verbrechen in weiten Teilen mit ihren Handys als Video aufzuzeichnen und zu fotografieren.

Wie bestraft man den (erwachsenen) Haupttäter Klaus? Die Tat wurde seitens des Gerichts als erpresserischer Menschenraub in Tateinheit mit gefährlicher Körperverletzung beurteilt. Eine gefährliche Körperverletzung wird mit einer Freiheitsstrafe von sechs Monaten bis zu zehn Jahren bestraft gemäß § 224 Abs. 1 Strafgesetzbuch. Für einen erpresserischen Menschenraub sieht das Gesetz eine Freiheitsstrafe von fünf Jahren bis zu 15 Jahren vor, § 239a Abs. 1 Strafgesetzbuch. Für den vorliegenden Fall bedeutet das: Fünf Jahre Freiheitsstrafe ist die *Mindeststrafe*, die das Gericht für einen erpresserischen Menschenraub aussprechen muss. Die Strafe wäre meines Erachtens im mittleren Bereich anzusetzen, also würde ich für den Haupttäter etwa zehn Jahre Freiheitsstrafe aussprechen.

Nun aber die Auflösung: Das Gericht verurteilte den (bereits vorbestraften) Haupttäter Klaus zu einer Freiheitsstrafe von fünf Jahren und drei Monaten. Das bedeutet, das Landgericht erhöhte die gesetzliche Mindeststrafe von fünf Jahren nur unwesentlich. Wenn man jetzt noch berücksichtigt, dass gemäß § 57 Abs. 1 Strafgesetzbuch die Vollstreckung des Restes der Freiheitsstrafe unter bestimmten Voraussetzungen zur Bewährung ausgesetzt werden kann, wenn zwei Drittel der Strafe verbüßt sind, und Klaus bereits neun Monate in Untersuchungshaft verbracht hatte, die auf die Freiheitsstrafe angerechnet werden, wird er mit etwas Glück nach nur noch zwei Jahren und neun Monaten Haft wieder in Freiheit sein. Und um es noch einmal zu wiederholen: Klaus erhielt die *härteste* Strafe! Für die anderen Täter sprach das Landgericht erheblich geringere Strafen aus, in einem Fall blieben die Richter sogar hinter der seitens der Verteidigung vorgeschlagenen Strafe zurück. Das bedeutet, dass selbst der Verteidiger eine höhere Bestrafung des eigenen Mandanten für angemessen hielt.

Was war die Ursache für die ungewöhnlich milde Bestrafung? Spielte es eine Rolle, dass die Richter unterbewusst nicht für lange Gefängnisaufenthalte der noch relativ jungen Täter verantwortlich sein wollten? War das Mitgefühl für die Täter so groß, dass es sie davon abhielt, härtere Strafen auszusprechen? Angesichts der Brutalität und Grausamkeit, mit der die Täter vorgingen, wäre es jedenfalls ohne Weiteres auch vertretbar gewesen, erheblich höhere Freiheitsstrafen zu erlassen.

Wer war noch mal das Opfer?

Es mag in einzelnen Fällen jedenfalls gedanklich nachvollziehbar sein, dass bei der Entscheidungsfindung ein gewisses Maß an Mitgefühl das Urteil zugunsten des Täters beeinflussen kann. Bisweilen fällt die »Strafe« – wenn man es überhaupt noch so nennen will – jedoch so milde aus, dass das Urteil so fern vom Leben erscheint, wie der Pluto von der Sonne entfernt ist. In solchen Fällen stellt man sich zu Recht die Frage: Wer war Täter und wer war Opfer?

Harald ist Mitte 40, steht auf Sado-Maso-Spiele und auf kleine Mädchen. Über einen Internetchat nimmt er Kontakt zu den beiden erst 13 Jahre alten Mädchen Katrin und Petra auf, indem er sich als »Sarah« ausgibt. Nachdem er einige Zeit unter seinem Decknamen »Sarah« mit Katrin und Petra Nachrichten ausgetauscht hat, tritt er nochmals in denselben Chat ein, diesmal unter dem Namen »Knecht«. Unter seinem Decknamen »Sarah« erklärt er Katrin und Petra, »Knecht« zu kennen, und sagt ihnen, sie könnten sich, ohne Angst haben zu müssen, mit »Knecht« verabreden. Sie könnten gutes Geld verdienen: Hierfür sollten sie »Knecht« erniedrigen, indem sie ihn schlagen und treten, auf ihn urinieren, koten und erbrechen. Es kommt zu einer Verabredung zwischen Harald und den beiden dreizehnjährigen Mädchen. Harald holt sie an einem Treffpunkt mit dem Auto ab und fährt in seine Wohnung. In der Wohnung führen Katrin und Petra die entsprechenden Handlungen an Harald durch. Hierfür erhalten sie 25 Euro und eine kleine Menge Marihuana. Einige Tage später kommt es zu einem weiteren Treffen zwischen den Dreizehnjährigen und Harald, bei dem die Mädchen erneut entsprechende Handlungen für den Mittvierziger durchführen und hierfür nochmals 25 Euro erhalten. Die Eltern der Mädchen entdecken den Chatverlauf, Harald wird angezeigt. Die Anklage der Staatsanwaltschaft lautet auf unerlaubte Abgabe von Betäubungsmitteln an Minderjährige.[60] *Im Prozess streitet Harald lediglich ab, den Mädchen Marihuana gegeben zu haben, wird jedoch durch die Aussage der Mädchen überführt und verurteilt.*

Welche Strafe glauben Sie hat das Amtsgericht ausgesprochen? Das einschlägige Strafgesetz für unerlaubte Abgabe von Betäubungsmitteln an Minderjährige ist § 29a Betäubungsmittelgesetz (BtMG). Diese Vorschrift lautet:

(1) Mit Freiheitsstrafe nicht unter einem Jahr wird bestraft, wer

1. als Person über 21 Jahre Betäubungsmittel unerlaubt an eine Person unter 18 Jahren abgibt oder sie ihr entgegen § 13 Abs. 1 verabreicht oder zum unmittelbaren Verbrauch überlässt oder
2. mit Betäubungsmitteln in nicht geringer Menge unerlaubt Handel treibt, sie in nicht geringer Menge herstellt oder abgibt oder sie besitzt, ohne sie aufgrund einer Erlaubnis nach § 3 Abs. 1 erlangt zu haben.

(2) In minder schweren Fällen ist die Strafe Freiheitsstrafe von drei Monaten bis zu fünf Jahren.

Harald – Mitte 40 und damit »*Person über 21 Jahre*« – hat an die jeweils 13 Jahre alten Mädchen Katrin und Petra – beide jeweils »*eine Person unter 18 Jahren*« – unerlaubt Betäubungsmittel in Gestalt von Marihuana abgegeben. Das hat auch das Amtsgericht in seinem Urteil festgestellt.

Welche Strafe mag das Amtsgericht ausgesprochen haben? Dreieinhalb Jahre ohne Bewährung? Zweieinhalb Jahre ohne Bewährung? Doch nicht etwa ein Jahr mit Bewährung? Nein. Alles falsch. Gar keine Freiheitsstrafe! Das Urteil lautete auf eine Geldstrafe von 90 Tagessätzen. Ist Ihnen gerade das Buch aus der Hand gefallen? Verständlich. Wie hat das Amtsgericht das gemacht? Ein Zaubertrick? Fast. Absatz 2 des § 29a Betäubungsmittelgesetz zufolge *ist* »in minder schweren Fällen die Strafe eine Freiheitsstrafe von drei Monaten bis zu fünf Jahren«. Und was hat das mit der Tat von Harald zu tun? Gute Frage. Denn ein minder schwerer Fall liegt nur dann vor, wenn das gesamte Tatbild vom Durchschnitt der üblichen Fälle so stark abweicht, dass der mildere Strafrahmen (drei Monate bis fünf Jahre) ausreichend ist. Wenn zum Beispiel der 21 Jahre alte Frank seinem 17 Jahre alten Bruder Christian fünf Minuten vor Mitternacht einen Joint anzündet und Christian sich in seinen 18. Geburtstag hineinkifft, dann ist das ein minder schwerer Fall. Aber die Tat von Harald? Das Amtsgericht hat tatsächlich einen *minder schweren Fall* angenommen. Es war ja nur Marihuana. Und auch nicht viel. Und Harald selbst hat unter der Tat sehr gelitten. Das sind die wesentlichen Argumente des Gerichts. Wie hieß das Opfer im obigen Fall doch gleich? a) Petra und Katrin oder b) Harald. Die Antwort scheint gar nicht so leicht zu sein.

Und warum hat das Amtsgericht überhaupt genau 90 Tagessätze ausgeurteilt? Weil 90 eine magische Zahl ist. Jedenfalls im Strafrecht. Gemäß § 32 Absatz 2 Nummer 5 Buchstabe a des Bundeszentralregistergesetzes werden in ein Führungszeugnis Geldstrafen von nicht mehr als 90 Tagessätzen nicht aufgenommen. Na, da kann Harald (war er jetzt Täter oder Opfer?) beruhigt aufatmen! Beinahe hätte einer Bewerbung als Erzieher, Grundschulbetreuer oder Trainer eines Kinderturnvereins eine hässliche Eintragung im Bundeszentralregister entgegengestanden. Übrigens hat das Amtsgericht sogar das zur Begründung seiner 90 Tagessätze ausdrücklich angeführt: Harald habe, weil die Strafe nicht ins

Führungszeugnis aufgenommen werde, bessere Chancen auf dem Arbeitsmarkt …

Der Kabarettist Volker Pispers hat einmal gesagt: »Es gibt Dinge, die kann man nicht sehen, die muss man glauben. Und es gibt Dinge, die muss man sehen und kann sie nicht glauben.« Die geschilderte Entscheidung des Amtsgerichts gehört zu den letztgenannten Dingen.

Bewährung: eine Wohltat für den Angeklagten?

»Der kriegt ja eh nur eine Bewährungsstrafe!« Dieser weitverbreiteten Annahme der Bevölkerung kann man nur mit Empörung entgegenhalten: Stimmt, wahrscheinlich haben Sie recht! Denn deutschlandweit werden sieben von zehn verhängten Freiheitsstrafen zur Bewährung ausgesetzt. Das bedeutet, der verurteilte Straftäter muss seine Freiheitsstrafe nicht im Gefängnis absitzen. Das ist zunächst einmal gar nicht so überraschend, denn 75 Prozent aller Freiheitsstrafen sind nicht höher als ein Jahr. Und für einen solchen Fall bestimmt § 56 des Strafgesetzbuches:

(1) Bei der Verurteilung zu Freiheitsstrafe von nicht mehr als einem Jahr setzt das Gericht die Vollstreckung der Strafe zur Bewährung aus, wenn zu erwarten ist, dass der Verurteilte sich schon die Verurteilung zur Warnung dienen lassen und künftig auch ohne die Einwirkung des Strafvollzugs keine Straftaten mehr begehen wird. Dabei sind namentlich die Persönlichkeit des Verurteilten, sein Vorleben, die Umstände seiner Tat, sein Verhalten nach der Tat, seine Lebensverhältnisse und die Wirkungen zu berücksichtigen, die von der Aussetzung für ihn zu erwarten sind.

Der Richter muss eine sogenannte Sozialprognose treffen. Wenn zu erwarten ist, dass der Straftäter sich in Zukunft straffrei verhalten wird, ist diese Sozialprognose positiv. Dann setzt der Richter die Freiheitsstrafe von nicht mehr als einem Jahr zur Bewährung aus. Das ist in der Regel der Fall, wenn der Straftäter erstmalig zu einer Freiheitsstrafe verurteilt wird. Meistens wird davon ausgegangen, dass schon die bloße Freiheitsstrafe, die wie ein Damoklesschwert über ihm hängt und jederzeit vollstreckt werden könnte, ihn von weiteren Straftaten abhält. Aber auch wenn der Täter in der Vergangenheit bereits zu einer Bewährungsstrafe verurteilt worden ist und sich während einer mehrjährigen Bewährungszeit straffrei verhalten hat, sodass die Freiheitsstrafe nach Ablauf der Bewährungszeit erlassen werden konnte, spricht einiges dafür, dass die Bewährungsstrafe den Täter von der Begehung weiterer Straftaten tatsächlich abgeschreckt hat. Denn immerhin ist er in der Bewährungszeit straffrei geblieben. So weit, so gut.

Leider ist es jedoch üblich geworden, nicht nur die erste, sondern auch die zweite, dritte, vierte oder fünfte Freiheitsstrafe zur Bewährung auszusetzen, obwohl die weiteren Straftaten während der laufenden Bewährungszeit(en) begangen worden sind. Wie bereits erläutert, scheuen viele Kollegen die Verantwortung, einen Angeklagten »in den Knast gebracht« zu haben. Es ist deshalb vielen Strafrichtern unangenehm, eine Freiheitsstrafe ohne Bewährung zu verhängen. Verurteilen sie stattdessen den Angeklagten zu einer Bewährungsstrafe, haben sie das angenehme Gefühl, dem Angeklagten etwas Gutes zu tun. Sie geben ihm noch eine zweite, dritte, vierte oder fünfte Chance. Auf diese Weise häufen jedoch einige Verurteilte Freiheitsstrafen von zum Teil mehreren Jahren an, die allesamt zur Bewährung ausgesetzt sind. Dann geschieht es häufig, dass eine weitere Verurteilung zu einer geringen Freiheitsstrafe ohne Bewährung das ganze Kartenhaus zum Einsturz bringt und einen Bewährungswiderruf sämtlicher Freiheitsstrafen zur Folge hat. Stellen Sie sich folgenden Fall vor:

Mike ist Ende 20, ein sympathisch wirkender Mensch, allerdings mit einem beeindruckenden Strafregister: insgesamt 15 Eintragungen. Geld- und Freiheitsstrafen. Davon sind noch vier Freiheitsstrafen zur Bewährung ausgesetzt:

1. *Vor zwei Jahren verurteilte ihn ein Amtsgericht wegen Erschleichen von Leistungen in 17 Fällen zu einer Freiheitsstrafe von vier Monaten auf Bewährung.*

2. *Im selben Jahr verurteilte ihn ein anderes Amtsgericht wegen unerlaubten Besitzes von Betäubungsmitteln in nicht geringer Menge zu einer Freiheitsstrafe von einem Jahr auf Bewährung.*

3. *Erneut wegen Erschleichen von Leistungen in 13 Fällen verurteilte ihn ein drittes Amtsgericht zu einer Freiheitsstrafe von acht Monaten auf Bewährung.*

4. *Schließlich verurteilte ihn ein viertes Amtsgericht vor einigen Monaten wegen Fahren ohne Fahrerlaubnis in sechs Fällen zu einer Freiheitsstrafe von sieben Monaten auf Bewährung.*

   Das sind Freiheitsstrafen von insgesamt 31 Monaten, also mehr als zweieinhalb Jahren. Allesamt zur Bewährung ausgesetzt. Jetzt ist er erneut wegen Erschleichen von Leistungen in neun Fällen angeklagt. Der jetzt zuständige Richter hat die Nase voll und verurteilt Mike wegen Erschleichen von Leistungen in neun Fällen zu einer Gesamtfreiheitsstrafe von fünf Monaten. Die Vollstreckung

> *der Freiheitsstrafe setzt er nicht zur Bewährung aus. Eine positive Sozialprognose, also die Feststellung, dass Mike sich künftig straffrei verhalten wird, kann er nicht treffen. Hierfür bestehen nicht die geringsten Anhaltspunkte. Das Urteil wird rechtskräftig. Als Folge werden auch in den übrigen Fällen die Bewährungen widerrufen. Daher muss Mike nun für insgesamt 36 Monate, also drei Jahre, in den Knast.*

Im Ergebnis führt daher das vermeintlich Gute, das dem Verurteilten durch die immer wieder zur Bewährung ausgesetzten Freiheitsstrafen getan werden soll, dazu, dass der Verurteilte längere Zeit im Gefängnis verbringen muss, als wenn er bereits bei der zweiten Freiheitsstrafe keine Bewährung mehr erhalten hätte. Nehmen wir an, Mike hätte bereits bei der zweiten Verurteilung eine Freiheitsstrafe von einem Jahr ohne Bewährung bekommen und diese absitzen müssen. Ein Schuss vor den Bug. Wahrscheinlich wäre die frühere Bewährungsstrafe von vier Monaten widerrufen worden. Insgesamt hätte Mike also für 16 Monate ins Gefängnis gemusst. Wenn ihn dies von weiteren Straftaten abgeschreckt hätte, wären ihm weitere Freiheitsstrafen von 20 Monaten erspart geblieben. Was wäre wohl besser und auch angenehmer für Mike gewesen?

Bewährung heißt nun einmal, sich auch bewähren zu müssen. Der Straftäter bekommt eine weitere Chance. Das Gericht glaubt ihm, dass er sich künftig während der Bewährungszeit (meistens drei Jahre) rechtstreu verhält. Und was, wenn nicht? Gibt man ihm eine zweite Chance? Und wenn er ein drittes Mal strafbar wird? Gibt es dann eine dritte Chance? Nein, jetzt hört der Spaß aber auf! Oder doch nicht?

Ein bisschen straffrei genügt ...

Amar stammt aus Algerien und ist 31 Jahre alt. In Deutschland heiratet er Frau Groß. Frau Groß hat bereits eine vierzehnjährige Tochter namens Christine. Amar raucht regelmäßig Haschisch, meistens auf dem Balkon der gemeinsamen Wohnung. Es stört ihn nicht, dass Christine und ihre Freundin Clara dabei sind. Im Gegenteil. Im Frühjahr 2013, als sich auch Christine und Clara in der Wohnung aufhalten, dreht sich Amar einen Joint und bietet ihn Christine und Clara an. Beide Mädchen rauchen mit ihm zusammen den Joint. Nachdem Frau Groß sich von Amar hat scheiden lassen, erzählt Christine ihrer Mutter von dem Vorfall. Frau Groß zeigt daraufhin ihren Ex-Mann an und die Staatsanwaltschaft erhebt Anklage gegen Amar wegen unerlaubter Abgabe von Betäubungsmitteln an Minderjährige. Es kommt zum Prozess. Auch Christine und ihre Freundin werden als Zeugen vernommen und bestätigen den Anklagevorwurf.

Das Schöffengericht Dinslaken – dessen Vorsitz ich führte – verurteilt Amar daraufhin Anfang 2015 zu einer Freiheitsstrafe von einem Jahr und drei Monaten. Im Gegensatz zu dem Amtsgericht im oben geschilderten Harald-Fall nimmt das Schöffengericht Dinslaken keinen minder schweren Fall an. Wie war das noch? Andere Länder, andere Sitten ... Bei der Strafzumessung wird zu Amars Gunsten berücksichtigt, dass es nur zu einem einzigen Vorfall gekommen ist, Amar zum Tatzeitpunkt nicht vorbestraft war und der einmalige Haschischkonsum weder zu körperlichen noch zu psychischen Schäden bei Christine oder Clara geführt hat. Die Freiheitsstrafe von einem Jahr und drei Monaten wird zur Bewährung ausgesetzt, wobei das Gericht insbesondere berücksichtigt, dass Amar erstmals zu einer Freiheitsstrafe verurteilt wurde und die persönlichen Verhältnisse des Angeklagten sich infolge der Scheidung auch insoweit verändert haben, dass dieser keinen unmittelbaren Kontakt mehr zu Christine und ihrer Freundin Clara hat, eine Wiederholungsgefahr deshalb nur gering ist.

Das Gericht setzt eine Bewährungszeit von drei Jahren fest und gibt Amar im Rahmen der Bewährungsauflagen unter anderem auf, sich künftig straffrei zu verhalten. Amar wird ausdrücklich belehrt, dass, wenn er sich erneut strafbar machen sollte, dies den Widerruf der Bewährung zur Folge haben wird. Dann müsste Amar die Freiheitsstrafe im Gefängnis absitzen. Das wäre ja logisch. Aber bitte abwarten …

Im Februar 2016 – weniger als ein Jahr später – besteigt Amar in Düsseldorf einen ICE ohne Fahrkarte. Er setzt sich Herrn Tiegel gegenüber, der seine Laptoptasche, in der sich insgesamt Gegenstände mit einem Wert von über 3500 Euro befinden, vor sich auf den Boden gestellt hat. In einem unbeobachteten Moment zieht Amar die Laptoptasche mit den Füßen zu sich herüber, hebt sie auf und versucht, schnellstens den Zug zu verlassen. Dies haben jedoch der Zugbegleiter und ein weiterer Fahrgast gesehen. Sie reagieren schnell und halten Amar fest.

Amar wird deshalb Anfang 2017 erneut angeklagt und verurteilt, dieses Mal wegen Diebstahl. Er erhält eine durchaus milde Strafe. Das Amtsgericht Düsseldorf verurteilt ihn zu einer Geldstrafe von 90 Tagessätzen zu je 10 Euro, also insgesamt zu 900 Euro. Weshalb genau 90 Tagessätze, das ist ja bereits erläutert worden …[61]

Amar lässt sich hiervon jedoch – was zu erwarten war – nicht beeindrucken: Mitte Februar 2017 – also nur drei Wochen nachdem ihn das Amtsgericht Düsseldorf wegen Diebstahl verurteilt hat – besteigt Amar wieder einen ICE und setzt sich hinter

Frau Schmitz, die ihre Handtasche zwischen ihre Füße gestellt hat. Amar greift unter dem Sitz hindurch, zieht die Handtasche nach hinten und entnimmt ihr die Geldbörse mit insgesamt fast 300 Euro Bargeld. Er verlässt den Zug, wird jedoch noch im Bahnhof von Polizeibeamten gestellt und durchsucht. Es kommt erneut zu einer Anklage wegen Diebstahl. Auf die Frage des Richters, warum er die Tat begangen habe, obwohl er drei Wochen zuvor bereits wegen einer ähnlichen Tat zu einer Geldstrafe verurteilt worden sei, antwortet Amar nur: »Die Gelegenheit war günstig.« Das Amtsgericht Duisburg verurteilt Amar daraufhin im Januar 2018 wegen Diebstahl zu einer Freiheitsstrafe von drei Monaten, setzt die Vollstreckung der Freiheitsstrafe jedoch nicht mehr zur Bewährung aus. Dies begründet das Gericht überzeugend damit, dass Amar den Diebstahl begangen hat, während er unter laufender Bewährung stand und, zudem, obwohl er erst drei Wochen zuvor ebenfalls wegen Diebstahl vom Amtsgericht Düsseldorf verurteilt worden war. Der Fall ist aber noch nicht zu Ende.

Amar legt gegen das Urteil Berufung ein. Und das Wunder geschieht! Seine Berufung hat Erfolg. Im August 2018 setzt die Berufungskammer des Landgerichts die Freiheitsstrafe von drei Monaten tatsächlich zur Bewährung aus. Seine Entscheidung begründet das Berufungsgericht damit, dass sich die Erwartung des Amtsgerichts Dinslaken in dem Urteil von Anfang 2015, dass Amar künftig keine Straftaten mehr begehen werde, bestätigt habe. Wie bitte? Was soll sich bestätigt haben? Dass Amar, der fröhlich weiterklaut wie ein Schwarm diebischer Elstern, keine Straftaten mehr begeht? Die Berufungskammer sieht es tatsächlich so: Denn Amar habe – so die Begründung des Urteils – keine weiteren Straftaten mehr nach dem Betäubungsmittelgesetz begangen.

Als ich diese Entscheidung des Berufungsgerichts zum ersten Mal gelesen habe, vermutete ich zunächst, ich hätte mich verlesen. Als ich feststellte, dass dies (leider) nicht der Fall war, blätterte ich in der Akte schnell zurück, um meinen eigenen Bewährungsbeschluss aus dem Jahr 2015 zu überprüfen. Sollte ich Amar tatsächlich nur aufgegeben haben, sich straffrei zu führen, soweit es »Verstöße gegen das Betäubungsmittelgesetz« betrifft? Nein – ich atmete erleichtert auf –, mein Bewährungsbeschluss war eindeutig. Ich hatte Amar aufgegeben, »sich straffrei zu führen«. Ohne jede Einschränkung. Ich habe auch noch nie von einer derartigen Einschränkung – wie sie das Landgericht offensichtlich annimmt – gehört. Wenn man den Gedanken der Berufungskammer konsequent weiterspinnt, dann darf Amar noch einige Straftaten begehen, bevor er tatsächlich eine Freiheitsstrafe befürchten muss, die er im Gefängnis zu verbüßen hat. Amar müsste, der Logik des Landgerichts folgend, lediglich solche Straftaten begehen, wegen denen er noch nicht zu einer Bewährungsstrafe verurteilt wurde, beispielsweise eine Körperverletzung, einen Betrug, eine Brandstiftung, eine sexuelle Nötigung und was weiß ich nicht noch alles.

Nun könnten Sie sich fragen: »Selbst wenn man diesen Unfug für überzeugend hält, hat Amar doch nicht nur eine, sondern schon zwei weitere Diebstähle in der Bewährungszeit begangen. Warum soll es dann noch eine Bewährung nach der zweiten Tat geben?« Hier ist das Landgericht besonders pfiffig: Amar wurde zwar bereits wegen zwei Diebstählen verurteilt, aber hiervon einmal zu einer Geldstrafe. Die zweite Verurteilung zu einer Freiheitsstrafe ist ja die erste Verurteilung zu einer Freiheitsstrafe wegen Diebstahl! Dies lässt sich am besten mit den Worten des deutschen »Philosophen« Atze Schröder kommentieren: »Ja nee, is klar!«

Diesem Unsinn folgend, wäre dem Straftäter, der lediglich zweimal gegen dasselbe Gesetz verstößt (also etwa einem zweifachen Dieb) eine schlechtere Sozialprognose zu stellen als dem Straftäter, der mit einer hohen kriminellen Energie sämtliche Delikte des Strafgesetzbuchs und aller strafrechtlichen Nebengesetze rauf und runter abklappert. Dass dies nicht dem Sinn einer Bewährungsstrafe entspricht, dürfte jedem Menschen klar sein. Fast jedem. Bei der Berufungskammer des Landgerichts habe ich nach dieser Entscheidung gewisse Zweifel.

Könnte ich trotzdem die Bewährung aus der ursprünglichen Entscheidung widerrufen? Klar kann ich. Und das habe ich auch. Und wenn ich wetten müsste, dann würde ich darauf setzen, dass die Beschwerdekammer des Landgerichts den Widerrufsbeschluss aufhebt. Denn Amar verhält sich ja straffrei. Nicht immer. Aber oft. Oder wenigstens manchmal. Also jedenfalls zwischen den einzelnen Straftaten …

Es wird völlig übersehen, dass die wiederholte Strafaussetzung nicht nur (wie in dem Beispielsfall Mike gezeigt) keine Wohltat für den Angeklagten ist, sondern auch dem Grundgedanken des Gesetzes widerspricht. Bewährung bedeutet, dass sich der Verurteilte auch bewähren muss, er muss sich straffrei führen, wenn er weiterhin in Freiheit leben möchte. Zu Recht stellt mein Kollege, Richter am Amtsgericht Stephan Zandtke, die Frage: »Was ist eine Strafe denn wert, wenn sie nicht zur Anwendung kommt, sondern immer nur angedroht wird?«[62]

Wohlwollen und Fantasie

Auch Freiheitsstrafen von mehr als einem bis zu zwei Jahren werden in zwei Dritteln der Fälle zur Bewährung ausgesetzt, obwohl § 56 des Strafgesetzbuches etwas strengere Voraussetzungen aufstellt:

(2) Das Gericht kann unter den Voraussetzungen des Absatzes 1 auch die Vollstreckung einer höheren Freiheitsstrafe, die zwei Jahre nicht übersteigt, zur Bewährung aussetzen, wenn nach der Gesamtwürdigung von Tat und Persönlichkeit des Verurteilten besondere Umstände vorliegen. Bei der Entscheidung ist namentlich auch das Bemühen des Verurteilten, den durch die Tat verursachten Schaden wiedergutzumachen, zu berücksichtigen.

Mit etwas Wohlwollen lassen sich in vielen Fällen auch solche »besonderen Umstände« finden. Wird zum Beispiel ein dreifacher Familienvater plötzlich mit Anfang 50 betriebsbedingt gekündigt und steigt in seiner Verzweiflung durch das Küchenfenster in das Haus seines Nachbarn ein, wo er dessen Geldbörse stiehlt, und gleich auch noch durch das Küchenfenster des nächsten Nachbarn, wo er die goldene Uhr der Nachbarin entwendet, so dürfte er zwar wegen Wohnungseinbruchsdiebstahl in zwei Fällen zu einer Gesamtfreiheitsstrafe von über einem Jahr – etwa zu einem Jahr und zwei Monaten – verurteilt werden. Jedoch dürften hier besondere Umstände vorliegen, die eine Strafaussetzung zur Bewährung rechtfertigen. Hat der Familienvater mittlerweile eine neue Anstellung gefunden und bisher ein straffreies Leben geführt, steht auch einer positiven Sozialprognose kaum etwas im Weg.

In manchen Fällen bedarf es jedoch neben Wohlwollen auch einer ordentlichen Portion Fantasie, um noch eine positive Sozialprognose treffen zu können.

Hamburg, 11. Februar 2016: In der Wohnung des 14-jährigen Dennis wird gegen 1 Uhr früh heftig gefeiert. Unter den Gästen sind auch seine 16 Jahre alten Freunde Alexander und Zivorad und der 21-jährige Bosco. Man trinkt Bier-Mix und Sekt. Gegen 3:30 Uhr stoßen die 15-jährige Lisa und die 14-jährige Nicole dazu, die Lisa überredet hat mitzukommen. Nicole bekommt sofort Whiskey zu trinken, in zwei Stunden etwa sechs bis sieben halb volle Gläser. Lisa und Zivorad trinken außer einem Schluck Eierlikör keinen Alkohol. Dennis, Alexander und Bosco steigen ebenfalls auf Whiskey und teilweise auch Wodka um. Irgendwann begeben sich Alexander und Nicole ins Nebenzimmer. Dort kommt es zum Geschlechtsverkehr zwischen ihnen. War Nicole zu dem Zeitpunkt bereits widerstandunfähig? Das Landgericht stellt es nicht fest. Nach einiger Zeit verlässt Alexander das Zimmer. Lisa geht zu ihr, findet Nicole auf der Couch liegend vor. Top und BH sind über ihre Brust gerutscht, der Slip ist heruntergezogen. Nicole reagiert nicht mehr auf Lisa. Jetzt betritt der 21-jährige Bosco das Zimmer. Er sieht, dass Nicole sich nicht mehr wehren kann. Das nutzt er aus und vergewaltigt Nicole. Dann verlässt Bosco das Zimmer wieder. Dennis kommt herein. Nicole liegt immer noch auf der Couch. Vergewaltigt er Nicole ebenfalls? Das Landgericht stellt es nicht fest. Alexander, Dennis und Zivorad kommen in das Zimmer, sehen die hilflose Nicole. Abwechselnd führen sie Nicole Bier- und Wodkaflaschen und eine Taschenlampe vaginal ein und filmen dies mit ihren Handys. Auch Lisa nimmt ihr Handy und filmt fleißig, wie sich Alexander, Dennis und Zivorad an ihrer »Freundin« Nicole vergehen. Nicole kann

sich nicht gegen die Quälereien wehren, liegt hilflos in ihrem Er-
brochenen. Irgendwann beginnt sie zu schreien. Daraufhin tragen
Alexander und Bosco Nicole auf einem Laken in den Hof und lassen
sie – nur mit der Unterwäsche bekleidet – bei Temperaturen um
den Gefrierpunkt einfach liegen. Entsorgt wie Müll. Durch Zufall
wird sie von einem Nachbarn entdeckt, der die Polizei verständigt.
Nicole kommt auf die Intensivstation des Krankenhauses, ihre Kör-
pertemperatur ist auf 35,4 Grad gefallen, sie hat immer noch einen
Alkoholwert von 1,9 Promille.

Nach der Tat zieht sich Nicole zunehmend zurück, leidet unter
schweren Selbstvorwürfen. Sie verschwindet, bricht den Kontakt zu
Vater und Halbschwester ab.

Der Prozess gegen Dennis, Alexander, Bosco, Zivorad und Lisa
beginnt Ende August 2016 vor dem Landgericht Hamburg.
Zwei Monate später – am 20. Oktober 2016 – kommt es zu
der Entscheidung. Vier der fünf Angeklagten – Zivorad, Dennis, Alexander und Lisa – werden zu Jugendstrafen zwischen
einem Jahr und zwei Jahren verurteilt, die sämtlich zur Bewährung ausgesetzt werden. Nur der mittlerweile 22-jährige Bosco
erhält eine nicht bewährungsfähige Freiheitsstrafe von vier Jahren. Bei der Verkündung der Bewährungsstrafen erklärt der
Vorsitzende Richter: »*Die Strafen mögen der Öffentlichkeit milde
erscheinen.*«[63] Mit dieser Aussage hat er jedenfalls recht. Die Bevölkerung nimmt das Urteil mit ebenso großer Empörung auf,
wie sie zuvor die ekelhafte Tat mit Entsetzen aufgenommen
hatte. Innerhalb weniger Tage findet eine Online-Petition statt:
15 000 Unterstützer fordern eine neue Verhandlung.[64]Auch die
Staatsanwaltschaft legt gegen das Urteil Revision ein, um ein höheres Strafmaß zu erreichen.

Wie begründen die Landrichter ihre Entscheidung, die Jugendstrafen zur Bewährung auszusetzen? In der Urteilsbegründung ist zu lesen, dass sich die Angeklagten »*durch die Hauptverhandlung und die erlittene Untersuchungshaft … nachhaltig beeindruckt*«[65] gezeigt hätten. Das ist sehr interessant. In der Prozessberichterstattung liest es sich so: Die Angeklagten seien »*wie Sieger in den Gerichtssaal eingezogen. Sie hatten vor dem Zuschauerraum posiert und Victory-Zeichen gemacht, hatten selbstbewusst gegrinst und sich von ihren Angehörigen bejubeln lassen. Keine Reue, sondern Siegesgewissheit. Keine kleinlauten Angeklagten, sondern großkotzige junge Männer, fern von jeder Selbstkritik.*«[66] Während des Prozesses hatten sie »*auf der Anklagebank gejohlt, gescherzt und gelacht*«.[67] So also sehen »nachhaltig beeindruckte« Angeklagte aus. Man lernt doch immer noch dazu.

Der Bundesgerichtshof hob die Entscheidung des Hamburger Landgerichts im Juli 2017 auf.[68] In einem zweiten Prozess verurteilte eine andere Strafkammer des Landgerichts Hamburg die Angeklagten Bosco, Alexander und Zivorad zu Freiheits- bzw. Jugendstrafen von viereinhalb Jahren, drei Jahren und zwei Jahren und neun Monaten. Die Frage einer Strafaussetzung zur Bewährung stellt sich damit nicht mehr, da nur Freiheits- und Jugendstrafen von nicht mehr als zwei Jahren zur Bewährung ausgesetzt werden können. Nur (noch) Lisa und Dennis erhalten Bewährungsstrafen. Bosco, Alexander und Zivorad wollen das Urteil nicht akzeptieren, sie legen Revision ein. Im Januar 2019 teilt der Bundesgerichtshof mit, dass er in zwei Fällen die Revision als unbegründet zurückgewiesen hat, der dritte Angeklagte nahm seine Revision zurück. Damit ist das zweite Urteil des Landgerichts Hamburg rechtskräftig.

Was sollen denn da die Leute denken?

Für die Akzeptanz eines Strafurteils in der Bevölkerung ist die Entscheidung über die Strafaussetzung zur Bewährung mindestens ebenso bedeutend wie die Entscheidung über das Strafmaß – also die Höhe einer Freiheits- oder Geldstrafe – selbst. Ein Gefängnisaufenthalt von 15 Monaten ist nun einmal etwas anderes als ein Stück Papier, auf dem eine Freiheitsstrafe von 24 Monaten steht, die aber nicht verbüßt werden muss, weil sie zur Bewährung ausgesetzt wurde. Daher wies auch der Bundesgerichtshof in seiner Entscheidung zu dem Köln-Raser-Fall darauf hin, dass bei einer Bewährungsentscheidung zu beachten sei, ob dies für das allgemeine Rechtsempfinden unverständlich erscheine und dadurch das Vertrauen der Bevölkerung in die Unverbrüchlichkeit des Rechts erschüttert und es von der Allgemeinheit als ungerechtfertigtes Zurückweichen vor Kriminalität angesehen werden könne.[69] Was sollen denn da die Leute denken? Diese Frage stellte sich offenbar auch der Gesetzgeber, da er in § 56 des Strafgesetzbuches folgenden Absatz einfügte:

(3) Bei der Verurteilung zu Freiheitsstrafe von mindestens sechs Monaten wird die Vollstreckung nicht ausgesetzt, wenn die Verteidigung der Rechtsordnung sie gebietet.

Meines Erachtens beschränken sich zu viele meiner Kollegen darauf – mehr oder weniger überzeugend – festzustellen, die Sozialprognose sei positiv und es lägen besondere Umstände im Sinne des § 56 Absatz 2 des Strafgesetzbuchs vor, ohne die Überlegung anzustellen, ob nicht trotzdem die Verteidigung der

Rechtsordnung im jeweiligen Einzelfall die Vollstreckung der Freiheitsstrafe gebietet. Ich kann zwar nicht ausschließen, dass dies auf einer Unkenntnis des entsprechenden Absatzes 3 beruht; auch ein Richter kann nicht immer alles wissen. Es dürfte jedoch nicht der eigentliche Grund sein. Es wurden bereits einige Fälle dargelegt, bei denen die Entscheidung des Gerichts unterbewusst allem Anschein nach von der Scheu vor Verantwortung für das Schicksal der (noch jungen) Täter geprägt war. Das ist psychologisch absolut verständlich.

Das Unterbewusstsein eines Richters wird stärker von dem unmittelbaren Eindruck durch den vor ihm sitzenden Menschen, dessen Zukunft von seiner Entscheidung abhängt, beeinflusst als von dem mittelbaren Eindruck, den er von dem Opfer oft nur aus der Akte gewinnen kann. Dies gilt insbesondere im Fall eines Tötungsdelikts, aber auch dann, wenn das Opfer als Zeuge nicht zur Verfügung steht. So verhielt es sich zum Beispiel in dem Fall der Hamburger Gruppenvergewaltigung: Die Richter des ersten Strafprozesses hörten Nicole als das Opfer der ekelhaften Taten nicht persönlich an, sie stand ihnen nicht zur Verfügung. Sie konnten sich also keinen unmittelbaren Eindruck von dem Leid verschaffen, das Nicole durch die Taten erlitten hat. Anders war es bei den Richtern des zweiten Prozesses, die Nicole persönlich angehört haben.

Gedanklich noch weiter entfernt ist dem Richter zum Entscheidungszeitpunkt der Eindruck von der Auswirkung seines Urteils auf das allgemeine Rechtsempfinden und das Vertrauen der Bevölkerung in das unerschütterliche Recht. Daher kommt diese Erwägung bei der Urteilsfindung – präzise bei der Entscheidung einer Strafaussetzung zur Bewährung – meistens zu kurz.

Rabattmarkenvereine: die Berufungskammern

In nicht wenigen landgerichtlichen Berufungskammern für Strafsachen sitzen Vorsitzende, bei denen die Angst vor Verantwortung und die Angst vor Fehlern besonders ausgeprägt ist. Sie wählen oft den bequemen Weg: das Urteil des Amtsgerichts, das ihnen zur Prüfung vorliegt, auf jeden Fall abzumildern. Dann erscheint man als Berufungsrichter dem Angeklagten schon mal »netter« als der Amtsrichter (es wirkt die Angst vor Verantwortung). Und man bringt den Angeklagten dazu, das milde Berufungsurteil zu akzeptieren, sodass er hiergegen keine Revision einlegt (es wirkt die Angst vor Fehlern). Auf diese Weise wird aus einer Freiheitsstrafe ohne Bewährung eine Freiheitsstrafe mit Bewährung, aus einer Bewährungsstrafe eine Geldstrafe, aus einer Geldstrafe eine geringere Geldstrafe. Oder das Verfahren wird gleich ganz eingestellt – falls die Staatsanwaltschaft mitspielt.

Diese Art der Rechtsprechung – die sich in einem Landgerichtsbezirk bei Strafverteidigern und Wiederholungstätern schnell herumspricht – fordert den Verurteilten und seinen Verteidiger geradezu auf, gegen ein amtsgerichtliches Urteil Berufung einzulegen. Es kann ja nur besser werden. Zur Begründung der milderen Strafe ziehen Berufungskammern oft die absurdesten Argumente heran. Eine der beliebtesten Begründungen lautet: Das Strafverfahren hat jetzt unter Berücksichtigung des Berufungsverfahrens so lange gedauert, dass die Straftat sehr lange Zeit zurückliegt. Daher ist die Strafe zu mildern. Mit anderen Worten: Wenn der Straftäter Berufung einlegt und die Berufungskammer bis zur Entscheidung noch einige Zeit benötigt, dann gibt es allein dafür einen Strafrabatt.

Stellen Sie sich vor, Sie beauftragen einen Klempner mit der Reparatur Ihrer Toilette. Der Klempner führt den Auftrag aus. Dann beauftragen Sie einen zweiten Klempner. Der soll prüfen, ob der erste Klempner alles richtig gemacht hat. Der zweite Klempner lässt sich Zeit und kommt schließlich zu dem Ergebnis, dass alles seine Richtigkeit hat. Erhalten Sie dafür einen Rabatt auf die Rechnung des ersten Klempners?

Konsequenz dieser Rabatt-Rechtsprechung der Berufungskammern ist nicht nur, dass der Verurteilte das amtsrichterliche Urteil nicht akzeptiert. Sie sorgt darüber hinaus dafür, dass die Belastung der Berufungskammern ansteigt, da sie die Angeklagten auffordert, Berufung gegen das Urteil des Amtsgerichts einzulegen. Aufgrund der höheren Belastung der Berufungskammern verzögert sich wiederum deren Entscheidung. Diese Verzögerung wird dann als Begründung genutzt, um die ursprüngliche Strafe des Amtsgerichts wieder zu mildern. Irgendwie erinnert mich diese Vorgehensweise immer an das Kinderlied »Ein Loch ist im Eimer«.

In vielen Fällen sind die Abänderungen der jeweiligen Strafe durch die Berufungskammern verschwindend gering. Auch dies deutet darauf hin, dass eine Milderung eher aus Bequemlichkeit erfolgt und der Berufungsrichter den Fall nicht etwa völlig anders sieht als der Amtsrichter. Eine vollständige Abänderung des amtsgerichtlichen Urteils ist und bleibt der seltene Ausnahmefall. Aus einer Freiheitsstrafe von sieben Monaten wird eine Freiheitsstrafe von sechs Monaten, aus einer Geldstrafe von 60 Tagessätzen wird eine Geldstrafe von 50 Tagessätzen. Diese Art Rechtsprechung lässt auch die Überheblichkeit der Berufungskammern gegenüber den Amtsgerichten erkennen. Die Kammern nehmen für sich in Anspruch, ihre kaum von der

Entscheidung des Amtsgerichts abweichende Entscheidung sei
»gerechter« als die des Amtsgerichts.

Ein befreundeter Staatsanwalt berichtete mir, er habe lediglich einen längst pensionierten Berufungskammervorsitzenden
kennengelernt, der nicht zu dieser Überheblichkeit neige. Auf
die Frage eines Rechtsanwalts in einer Berufungsverhandlung,
ob die Berufungskammer nicht ein wenig zugunsten des Angeklagten von der amtsgerichtlichen Entscheidung abweichen
könne, antwortete der Vorsitzende: »*Erwarten Sie nicht, dass die
Kammer die Arroganz besitzt zu sagen, dass acht Monate gerechter
sind als neun!*« Diese kollegiale Größe und selbstreflektierende
Bescheidenheit, die auch auf ein starkes Selbstbewusstsein des
leider bereits pensionierten Kollegen schließen lässt, ist heutigen
Berufungskammervorsitzenden in der Regel fremd.

Zivilcourage oder: Das hast du davon!

*Der 19-jährige Lukas ist bereits wegen Körperverletzung in Erscheinung
getreten. Nach einem Diskobesuch geraten er und seine Freundin Silke
in Streit. Lukas beschimpft Silke, die daraufhin in Tränen ausbricht.
Der 19-jährige Benjamin, ein guter Freund Silkes, versucht, den Streit
zu schlichten. Er spricht Lukas an, obwohl dieser ihn nicht besonders
leiden kann. Lukas antwortet: »Verpiss dich!«, dreht sich um und geht.
Benjamin bittet Lukas: »Nun sprich doch noch mal mit Silke«, und
fasst ihn mit den Fingerspitzen an die Schulter. Weil Benjamin ihn
nervt, versetzt Lukas ihm einen gezielten, heftigen Schlag mit dem Elbogen auf die Nase. Benjamins Nase bricht sofort und blutet heftig, das
Nasenbein muss im Krankenhaus mit einer Operation wieder gerichtet
werden. Lukas versucht noch, bei der Polizei, Benjamin als Lügner darzustellen, und behauptet ihn lediglich sanft geschubst zu haben.*

Nach Durchführung einer Beweisaufnahme, in der Benjamin und Silke als Zeugen vernommen wurden, verurteilte ich als Jugendrichter Lukas nach Jugendstrafrecht wegen vorsätzlicher Körperverletzung und sprach einen Dauerarrest – einen sogenannten Warnschussarrest – von vier Wochen aus.

Gegen dieses Urteil legte Lukas Berufung ein. Die Berufungskammer des Landgerichts verurteilte Lukas zwar ebenfalls wegen vorsätzlicher Körperverletzung. Wie gewöhnlich milderte es jedoch die Strafe ab. Anstelle eines vierwöchigen Dauerarrests soll Lukas für ein Wochenende in eine Arrestanstalt. Freizeitarrest wird das genannt. Ein Freizeitarrest dauert gewöhnlich von Freitagnachmittag bis Sonntagnachmittag. Seine milde Strafe begründete die Berufungskammer damit, dass Lukas sich in einer Notwehrsituation befunden habe. Wie bitte? Eine Notwehrsituation? Das Landgericht erklärte, zwar habe Benjamin Lukas nicht etwa schlagen wollen, was auch Lukas nicht geglaubt habe. Jedoch habe Benjamin, indem er Lukas an der Schulter berührte, gewollt, dass dieser stehen bleibe und sich herumdrehe. Dies – so das Landgericht – sei ein rechtswidriger Angriff auf die Fortbewegungsfreiheit von Lukas gewesen. Es sei lediglich unverhältnismäßig von Lukas, Benjamin mit einem gezielten Ellbogenschlag die Nase zu zertrümmern.

Seien Sie also vorsichtig, wenn Sie sich demnächst im Supermarkt aufhalten und einen Verkäufer um Hilfe bitten möchten, der gerade Sauerkrautdosen einsortieren will. Sollten Sie ihm auf die Schulter tippen, dann wundern Sie sich nicht, wenn er sich umdreht und Ihnen mit einem gezielten Ellbogenschlag die Nase bricht. Oder Ihnen mit einer Sauerkrautdose gleich den Schädel einschlägt. Denn nach der Logik der Berufungskammer des Landgerichts haben Sie sich das grundsätzlich selbst zuzuschreiben. Da Sie den Verkäufer »angegriffen« haben. Lediglich die Art seiner »Notwehr« auf Ihren »Angriff« ist möglicherweise etwas unverhältnismäßig. Hätte er Sie nicht erschlagen oder Ihnen die Nase gebrochen, sondern lediglich einen schmerzhaften Schlag in die Magengrube versetzt, dann wäre es vielleicht nach der Landgerichtsrechtsprechung verhältnismäßig gewesen.

Der hilfsbereite Benjamin wird sich zukünftig zweimal überlegen, ob er in einem Streit vermittelt. Denn immerhin gibt es Landrichter, die seine Freundlichkeit und Hilfsbereitschaft als einen »rechtswidrigen Angriff« betrachten. Und Lukas fühlt sich bestätigt in seiner Annahme, dass er Leuten, die ihn nerven, ruhig einen kräftigen Schlag versetzen darf. Nur eben nicht ganz so fest, dass er ihnen gleich die Nase bricht. Aber anscheinend ist Gewalt in einer solchen Situation grundsätzlich in Ordnung, das sagt ihm ja auch das Berufungsgericht.

»Haftbefehl? Muss das sein ...«

Immer wieder berichtet die Presse von Straftaten, bei denen ein Täter auf frischer Tat ergriffen werden konnte, jedoch wieder freigelassen werden musste, weil der zuständige Richter keinen Haftbefehl erlassen hat. Und das, obwohl die *Tagesschau* am 24. April 2019 berichtete, dass die Zahl der Untersuchungshaftgefangenen in Deutschland von 2014 bis 2018 um 25 Prozent gestiegen ist.[70]

Auch mir sind Fälle bekannt, bei denen ich die Ermittlungsakte gelesen habe und die Entscheidung des jeweiligen Kollegen, keinen Haftbefehl zu erlassen, nicht nachvollziehen konnte. Fragte ich nach dem Grund für die Entscheidung, hörte ich (früher oder später) besonders häufig folgendes Argument: *»Ich habe mir schon mal eine JVA (Justizvollzugsanstalt) angesehen! Ich möchte da nicht sitzen!«* Und regelmäßig antworte ich darauf: *»Ja, ich auch nicht. Deshalb begehe ich keine Straftaten.«*

Einen Menschen ins Gefängnis zu schicken, ist eine der unangenehmsten Entscheidungen, die ein Richter treffen muss. Zugleich ist es eine der wichtigsten und verantwortungsvollsten Entscheidungen, die ein Richter zu treffen hat.

Die leicht verständlichen gesetzlichen Voraussetzungen für den Erlass eines Untersuchungshaftbefehls sind in § 112 der Strafprozessordnung zu finden. Neben einem dringenden Tatverdacht müssen ein Haftgrund (also Flucht oder Fluchtgefahr, Verdunkelungs- oder Wiederholungsgefahr) gegeben und der Haftbefehl verhältnismäßig sein. Der »klassische« Haftgrund ist die Fluchtgefahr. Sie liegt vor, wenn aufgrund bestimmter Tatsachen eine höhere Wahrscheinlichkeit für die Annahme spricht, dass sich der Täter dem Strafverfahren eher entzieht als an diesem teilnehmen wird. Es muss nicht notwendig zwingend sein, dass der Täter die Flucht ergreifen wird, also mit absoluter Sicherheit flieht, wenn er nicht eingesperrt wird. Es genügt, dass es bei einer objektiven Betrachtung der Sachlage nachvollziehbar ist, dass er so handeln wird. Maßgeblich für diese Einschätzung sind vor allem die persönlichen Verhältnisse des Täters. So wird ein verheirateter und berufstätiger Mann mit zwei kleinen Kindern, der keine Vorstrafen und keine Kontakte ins Ausland hat, nach kriminalistischer Erfahrung einen geringeren Fluchtverdacht vorweisen als beispielsweise ein lediger und erwerbsloser Mann, der sich erst seit kurzer Zeit in Deutschland aufhält, über keine eigene Wohnung verfügt und seinen bisherigen Lebensmittelpunkt im Ausland hatte – bei sonst gleichen Tatumständen natürlich. In der Regel genügt es, mit gesundem Menschenverstand die Sachlage zu prüfen und zu bewerten – und da liegt das Problem …

Ich habe den Eindruck gewonnen, einige meiner Kollegen haben eine etwas zu romantische Vorstellung von der Fluchtgefahr. Solange der Beschuldigte nicht mit einem Koffer, vollgestopft mit Bargeld, angetroffen wird, die Anschrift einer Klinik für plastische Gesichtschirurgie und Flugtickets in ein Land ohne Auslieferungsabkommen in der Brusttasche hat, wird eine Fluchtgefahr eher abgelehnt. Nicht ungünstig an einer solchen romantischen Vorstellung von einer Flucht ist natürlich, dass die Verantwortung für einen Gefängnisaufenthalt nicht getragen werden muss.

Der Regierung kommt ein solch zögerliches Verhalten übrigens nicht ungelegen. Denn Haftplätze kosten sehr viel Geld. Und es fehlt an Personal: Im April 2019 waren allein in Nordrhein-Westfalen 523 Stellen im Justizvollzug unbesetzt![71] Es fehlen Schließer, Ärzte und Psychologen. Deshalb sind Haftbefehle gar nicht gern gesehen.

Dabei wird vollkommen außer Acht gelassen, dass der leichtfertige Nichterlass eines Haftbefehls eine ebenso gefährliche Wirkung in der Gesellschaft hat wie der Erlass eines Skandalurteils. Und darüber hinaus birgt eine solche Entscheidung noch eine weitere ganz erhebliche Gefahr.

Dein frustrierter Freund und Helfer

»Warum sollen wir überhaupt noch jemanden festnehmen? Die werden doch sowieso wieder laufen gelassen?« Der junge Polizeibeamte macht einen frustrierten Eindruck. Die beiden Fälle, die

*er mir im Rahmen einer Fortbildungsveranstaltung geschildert und
die sein Nebenmann bestätigt hat, haben große Ähnlichkeit: Zwei
junge Rumäninnen sind in der Einkaufsstraße beim Taschendieb-
stahl erwischt worden. Nach der Festnahme stellt sich heraus, dass
sie keinen festen Wohnsitz in Deutschland haben. Beide Frauen sind
bereits in den vergangenen Wochen anlässlich etlicher Taschendieb-
stähle in verschiedenen Bundesländern erkennungsdienstlich behandelt worden. Verurteilt worden sind sie noch nicht, die Strafverfahren sind noch nicht abgeschlossen. In beiden Fällen hat das Gericht
den Erlass eines Haftbefehls abgelehnt. Die Frauen sind aus dem
Gewahrsam entlassen worden. »So was kommt doch ständig vor!
Keine Vorstrafe, kein Haftbefehl!«, sagt ein anderer Polizeibeamter.
Seine Stimme verrät Wut, Unverständnis und Resignation.*

Eine sach- und lebensfremde Zurückhaltung bei der Entscheidung über den Erlass eines Haftbefehls führt bei Polizeibeamten auf Dauer zu einem Misstrauen gegenüber den Gerichten
und in nicht wenigen Fällen zu Frustration und Resignation.
Ein Polizeibeamter berichtete von einer verängstigten Kassie-
rerin eines Supermarkts: In den Vormittagsstunden betreten
immer wieder Bewohner eines nahe gelegenen Asylbewerber-
heims den Laden, füllen einen Einkaufswagen mit brauchbaren
Waren, laufen mit dem Einkaufswagen an der Kasse vorbei, aus
dem Laden auf den Parkplatz. Dort wartet ein Pkw mit lau-
fendem Motor. Die Waren werden eingeladen, und der Wagen
fährt davon. In der Vergangenheit habe es mehrfach Festnah-
men gegeben. Den Erlass eines Haftbefehls habe der Richter
jedoch mehrmals abgelehnt. Immerhin hätten die Täter einen
festen Wohnsitz in dem Asylbewerberheim. Daher drohe keine
Fluchtgefahr. Es ist durchaus menschlich, wenn die Polizei-

beamten bei dem nächsten Einsatz nur noch die Strafanzeige aufnehmen und darauf verzichten, die Täter festzunehmen. Es bringt ja doch nichts.

Infolge der bequemen Untätigkeit einiger Richter fühlen sich Polizeibeamte bei der Verteidigung des Rechtsstaats völlig zu Recht im Stich gelassen. Das Gefühl der Frustration wird noch verstärkt, da nicht wenige Polizeibeamte für die Fehler der Richter als Blitzableiter herhalten müssen: Den Ärger der Bevölkerung über das lasche Vorgehen der Justiz, gerade bei der Ablehnung eines Haftbefehls, bekommt der Polizeibeamte vor Ort zu spüren. Sprüche wie »Den habt Ihr doch erst gestern festgenommen, warum lasst ihr den wieder laufen?« oder »Warum nehmt ihr den jetzt fest? Ihr sperrt ihn ja doch nicht ein!« sind an der Tagesordnung. Die Polizeibeamten können nichts anderes tun, als zu erklären, dass nicht sie den Täter wieder laufen gelassen haben, sondern das Gericht. Aber die meisten Bürger winken ab, halten die Erklärung für eine lahme Ausrede.

Die Bequemlichkeit des Richters wird hier besonders teuer bezahlt. Der Rechtsstaat büßt engagierte Polizeibeamte ein, die ihn an vorderster Front verteidigen.

Motivierte Straftäter

Dem Frust der Polizeibeamten auf der einen Seite entspricht eine Motivation der Straftäter auf der anderen Seite. Kriminelle begreifen schnell, dass der Rechtsstaat nicht reagiert. Dies spornt an, die Taten in ihrer Schwere allmählich zu steigern. Wurde zunächst nur eine Parfümflasche gestohlen, sind es beim nächsten Mal gleich fünf oder zehn Flaschen. War es zunächst ein einfacher Diebstahl, ist es beim nächsten Mal ein schwerer oder gleich räuberischer Diebstahl. Gerade organisierte Straftäter lernen: Durch ständigen Ortswechsel in die in entsprechenden Organisationen allseits bekannten Gerichtsbezirke, in denen aus Bequemlichkeit kaum Haftbefehle erlassen werden, können sie wiederholt Straftaten begehen, ohne befürchten zu müssen, eingesperrt zu werden. Bis es tatsächlich zu einer Verhandlung kommt, sind sie längst weitergezogen und für die Gerichte unerreichbar. Dann ergeht (manchmal) ein Haftbefehl in Abwesenheit, und sie werden zur Fahndung und Aufenthaltsermittlung ausgeschrieben. Mit verschwindend geringem Erfolg. Die entsprechenden Strafakten werden dem Strafrichter alle paar Jahre wieder vorgelegt, damit der sogenannte Suchvermerk verlängert werden kann. Irgendwann verjähren die Taten, das Verfahren wird eingestellt. Die Taten bleiben für die Straftäter ohne jede Konsequenz.

Vor zwei Jahren kam es nach der Verhaftung einer rumänischen Taschendiebin in Dinslaken zu einer Situation, die einer gewissen Komik nicht entbehrte: Ich verkündete im Sitzungssaal einen Haftbefehl und erklärte der jungen Frau, dass sie jetzt in die Justizvollzugsanstalt gebracht werde. Sie war bereits in den vergangenen fünf Wochen bei neun weiteren Gelegenheiten wegen Diebstahl von der Polizei erkennungsdienstlich behandelt und in vier Fällen einem Haftrichter vorgeführt worden. Die junge Dame verstand jedoch die Welt nicht mehr. Der Dolmetscher übersetzte für mich: »Sie sagt, bisher hätten sie alle vier Richter laufen lassen. Dieses Mal habe sie doch viel weniger geklaut als die letzten Male. Dann dürfe ich sie doch gar nicht einsperren.« Ihre Argumentation war nachvollziehbar, gleichwohl kam sie für sechs Wochen in Untersuchungshaft.

Nachklang

Als ich damit begann, Beispiele aus meinem Berufsalltag für dieses Kapitel zu suchen, erwartete ich, es würde wenigstens drei oder vier Monate intensiver Suche in Anspruch nehmen, um ein paar Fälle zu finden, die kaum mit einem gesunden Rechtsempfinden zu vereinbaren sind, es jedoch nicht in die Presse geschafft haben. Es hat mich zutiefst erschreckt, als ich rückblickend festgestellt habe, dass all die hier geschilderten Fälle aus meinem Berufsalltag mir innerhalb eines Zeitraums von nur zwei Wochen begegnet sind. Und zwar entweder, weil die entsprechende Akte über meinen Schreibtisch wanderte, oder, weil ein Kollege mir davon berichtete. Ich musste gar nicht danach suchen, die Fälle drängten sich geradezu auf. Sind die Entscheidungen aus meinem Berufsumfeld, die es nicht in die Massenmedien geschafft haben, weniger »skandalös« als jene Urteile, die in Presse, Radio und Fernsehen deutschlandweit Beachtung fanden? Skandalurteile sind kein Einzelfall. Sie ereignen sich Woche für Woche, Monat für Monat, Jahr für Jahr. Es wäre schön zu glauben, nur in meinem Landgerichtsbezirk. Es wäre aber auch sehr naiv.

Kapitel 7

Augen auf, Justitia!
Wie soll es weitergehen?

Haben Sie nun den Glauben in unseren Rechtsstaat endgültig verloren? Sehen Sie sich gerade nach einem neuen Land um? Packen Sie schon die Koffer? Ich nicht. Obwohl ich sehr große Zweifel habe. Zweifel, die bei den Recherchen für dieses Buch leider immer größer wurden. Denn die Lage ist ernst. Die dritte Staatsgewalt steht einen Schritt vor dem Abgrund. Ein weiterer Schritt in die falsche Richtung, und sie fällt tief. Sehr tief. Und wir alle fallen mit ihr. Die nächsten zehn bis 15 Jahre sind für das Schicksal des deutschen Rechtsstaats entscheidend. Man muss weder Prophet noch Hellseher sein, um die Folgen der gegenwärtigen Entwicklungen absehen zu können.

Die Zukunft: Korruption und Lynchjustiz?

Deutschland im Jahr 2030: Die gewaltige Welle der Richterpensionierungen hat das Land voll erwischt. Nur noch sechs von ehemals zehn Richtern bearbeiten den immer größer werdenden Aktenberg in den Gerichten. Alle Kollegen zeigen Anzeichen eines Burn-out, jeder dritte Richter fällt mehrere Wochen im Jahr wegen stressbedingter Erkrankungen aus. Die übrigen Kollegen sind frustriert, völlig überfordert. Selbst einfache Zivilverfahren dauern etliche Jahre. Man sagt, man könne sie etwas beschleunigen, wenn man dem Richter eine kleine Gefälligkeit erweist.

Kriminelle in Untersuchungshaft werden nach sechs Monaten freigelassen, weil die Strafgerichte mit der Bearbeitung nicht nachkommen. Dem Bürger reicht es. Wenn der Staat nicht in der Lage ist, Kriminelle zu bestrafen und berechtigte Ansprüche durchzusetzen … einer muss es ja in die Hand nehmen. Die Rechtsprechung übernehmen Bürgerwehren und private Security-Unternehmen, die gegen einen kleinen Aufpreis den gefangenen Straftäter auch gleich »aburteilen«. Es findet sich eine »gerechte Strafe«. Ebenso schnell und effektiv wie brutal und unmenschlich. Für eine Beleidigung: zwei kräftige Ohrfeigen. Für einen Diebstahl: ein gebrochener Daumen. Für einen Totschlag … Natürlich trifft es auch mal einen oder zwei Unschuldige. Justizirrtümer gab es immer schon. Und einige Kriminelle sind ohnehin außen vor. Sie entstammen Clanstrukturen, denen die staatliche Justiz bereits vor zehn Jahren nicht nachkam. Ab und zu stechen sie sich untereinander ab. Das passt schon. Alles in allem läuft es gut. Jedenfalls auch nicht schlechter als in vielen anderen Ländern. Also solchen in der dritten Welt.

Gefällt Ihnen diese Zukunft? Mir auch nicht. Mir wären ebenfalls Gerichte lieber, die Zivil- und Strafverfahren zügig und effizient bearbeiten. Richter, die mit ebenso selbstbewussten wie vernünftigen Entscheidungen überzeugen und uneingeschränktes

Vertrauen des Bürgers genießen. Dazu eine gute und eine schlechte Nachricht. Zuerst die gute: Eine solche Zukunft ist keine Fantasterei, sondern durch einige Justizreformen ohne Weiteres zu erreichen. Das *geht* alles! Jetzt die schlechte Nachricht: Man muss es auch *wollen*! Und genau hier liegt das Problem.

Was sich ändern muss

1. Eine Richterschaft wird niemals ein gesundes und starkes Selbstbewusstsein entwickeln können, solange sie bevormundet wird. Das hatte Adolf Hitler sehr gut begriffen, als er die Verwaltung der Gerichte 1935 mit Gerichtsverfassungsverordnung dem Reichsjustizministerium überließ. Und das haben auch die meisten modernen Staaten begriffen, indem sie eine strikte Trennung der Staatsgewalten – Regierung, Gesetzgebung und Rechtsprechung – in ihren Verfassungen verankert haben. Nur in Deutschland wird dieser Weg, der gut bekannt ist, nicht gegangen. Die Einführung einer Selbstverwaltung für die rechtsprechende Gewalt ist unverzichtbar. Das bedeutet insbesondere die Auswahl und Beförderung der Richter (natürlich einschließlich des Beurteilungswesens), vor allem auch die Bestimmung der Behördenleitung muss durch ein von der Exekutive gänzlich unabhängiges Organ der Judikative vorgenommen werden. Nachahmenswerte Vorbilder existieren in ganz Europa.

2. Die Richterbesoldung muss grundlegend geändert werden. Nicht nur der Richter selbst, sondern der gesamt

Rechtsstaat wird entwertet, wenn die Besoldung erbärmlich gering ist. Es ist inakzeptabel, dass der Staat auf eine
Bestenauslese verzichtet, weil er weniger als ein Drittel
der Gehälter einer Großkanzlei zu zahlen bereit ist.

3. Gleichzeitig muss die zehnstufige Besoldungshierarchie
   deutlich verschlankt werden. Ein dreistufiges System
   ist völlig ausreichend. In die erste Stufe fallen sämtliche Richter auf Amts- und Landgerichtsebene, in die
   zweite die Richter der Oberlandesgerichte und in die
   dritte sämtliche Bundesrichter. Vorsitzendenstellen und
   Behördenleiterposten sind keine Beförderungsämter, sie
   werden ebenso besoldet wie sämtliche andere Richterstellen des jeweiligen Gerichts.

4. Das Einstiegsgehalt muss auf der ersten Stufe 80 000
   Euro auf der zweiten 90 000 Euro und auf dritter
   100 000 Euro betragen. Steigerungen finden nur noch
   nach jeweils fünf Jahren Richterdienst statt. Erst durch
   diese deutliche Anhebung der Besoldung wird der Richterberuf für Prädikatsjuristen wieder attraktiv. Und nur
   so kann die seit Jahren bestehende Überlastung der Gerichte beendet werden.

5. In diesem Zusammenhang muss die Richterbesoldung
   wieder dem Bund übertragen werden. Die unterschiedlichen Besoldungen durch die Bundesländer führen zu
   Richterabwanderung (Richterklau) und im schlimmsten
   Fall zu einer qualitativ unterschiedlichen Rechtsprechung, falls sich nur noch einige Bundesländer »gute«
   Richter leisten können.

6. Aus- und Weiterbildung der Richter muss eine höhere
   Beachtung zukommen. Die gegenwärtigen halbherzi-

gen Schulungen der Berufsanfänger an wenigen Tagen sind völlig ungenügend. Richter müssen – nicht nur zu Beginn ihres Berufslebens – jährlich eine bestimmte Zeit freigestellt werden, in der sie sich weiterbilden können und auch müssen. Hierbei muss besonderes Augenmerk auf Kenntnisse im Bereich der Aussage- und Entscheidungspsychologie gelegt werden. Die Vernachlässigung dieser Kerngebiete des richterlichen Berufs ist gefährlich.

7. Der Instanzenzug bedarf sowohl im Strafrecht als auch im Zivilrecht einer Reform.

8. Insbesondere ist eine zweite Tatsacheninstanz gegen erstinstanzliche Entscheidungen der Strafkammern der Landgerichte einzurichten. Das gegenwärtige System, dem zufolge jeder Hühnerdieb mehr Rechtsmittel gegen ein Strafurteil hat als ein zu Unrecht wegen Mord verurteilter Angeklagter, ist eines Rechtsstaates unwürdig.

9. Gleichzeitig kann die Rechtsmittelinstanz für Bußgeldverfahren im Bereich der Verkehrsordnungswidrigkeiten deutlich eingeschränkt werden. Hier bietet es sich an, ein Rechtsmittel nur dann zuzulassen, wenn ein Bußgeld von mehr als 600 Euro oder ein Fahrverbot von mehr als einem Monat verhängt wird.

10. Der Beschwerdewert für Berufungen im Zivilrecht kann auf 1200 Euro erhöht werden. Angesichts der Tatsache, dass mehr als 99 Prozent der amtsgerichtlichen Zivilurteile akzeptiert oder in der Berufungsinstanz bestätigt werden, ist eine Beschränkung des Rechtsmittels durchaus angezeigt.

Diese Reformvorschläge sind weder zu teuer noch schwer umsetzbar oder – eine auch immer gern gewählte Ausrede – »dem Volk nicht zu vermitteln«. Es geht alles. Man muss das nur wollen!

Die nächsten zehn bis 15 Jahre werden zeigen, welche Richtung der deutsche Rechtsstaat einschlagen wird. Werden Skandalurteile von unsicheren Richtern, die nicht mehr nur der Wahrheit und Gerechtigkeit dienen, sondern Sklaven ihrer Ängste vor Fehlern und Verantwortung sind, mehr und mehr die Regel sein? Wird die Rechtsprechung weiter an Vertrauen in der Bevölkerung einbüßen? Wird die dritte Staatsgewalt weiter an Einfluss verlieren, wird sie von der Regierung kontrolliert und damit faktisch abgeschafft? Oder gelingt es der Judikative, sich gegenüber den anderen beiden Staatsgewalten, vor allem der Exekutive, zu behaupten?

Es verändert sich nichts von selbst. Auf die Hilfe der Exekutive darf die Judikative nicht zählen. Denn es ist für die Regierung zu verlockend, sich eine dritte Staatsgewalt zu halten, die schwach und kaum in der Lage ist, ein Gleichgewicht der Staatsgewalten zu gewährleisten. Eine Veränderung muss von der Richterschaft selbst ausgehen und mit Unterstützung der Gesellschaft erfolgen.

Jeder einzelne Richter muss sich seiner Verantwortung bewusst sein, sich seine Stellung als Teil der dritten Staatsgewalt immer und immer wieder vor Augen führen. Wenn er es sich nicht selbst wert ist, für diese Forderungen auf- und einzustehen, dann sollte er sich bewusst machen, dass diese Forderungen nicht nur in seinem persönlichen Interesse liegen, sondern auch im Interesse des Rechtsstaats. Für den Rechtsstaat sollte er bereit sein, auch mal die unbequeme Richtung einzuschlagen. Einfach ist dieser Weg nicht, aber er lohnt sich. Denn an seinem Ende wartet nichts Geringeres als die verantwortungsvolle und starke

Rechtsprechung eines selbstbewussten und unabhängigen Richters. Eines Richters, den die Gesellschaft ebenso achtet wie seine Entscheidungen. Eines Richters, der die in angelsächsischen Ländern übliche Anrede »Euer Ehren« wahrhaftig verdient.

Ausblick

Treffen sich zwei Juristen, die gemeinsam studiert haben, nach zehn Jahren wieder. Fragt der eine: »Und was ist aus dir geworden?« Sagt der andere: »Ich bin Anwalt in einer Großkanzlei und du?« Darauf der eine: »Ich bin Richter.« Und der andere: »O Mann ... das tut mir echt leid!«

Vielleicht ist nach der Lektüre des Buches der Eindruck entstanden, ich sei mit meiner Berufswahl unzufrieden oder gar unglücklich. Es ist mir wichtig, kein Missverständnis aufkommen zu lassen: Ich liebe meinen Beruf. In den elf vergangenen Jahren, in denen ich an verschiedenen Gerichten tätig war, habe ich es noch nie bereut, Richter geworden zu sein. Nicht, als ich mich gegen das fürstliche Gehalt einer Großkanzlei entschieden habe. Nicht, als ich als Proberichter über mehrere Monate mehr als 80 Wochenstunden gearbeitet habe und trotzdem das Gefühl hatte, die Aktenberge werden nicht kleiner. Und auch nicht, als mir die vielen schwerwiegenden Fehler der Justiz, über die ich in diesem Buch berichtet habe, bewusst geworden sind. Der Beruf des Richters verbindet für mich die befriedigende Gewissheit, dem Volk zu dienen, mit dem Geschenk, großartige Menschen – Geschäftsstellen, Wachtmeister, Rechtspfleger, Staatsanwälte, Polizeibeamte, Rechtsanwälte und Richter – kennengelernt zu haben, von denen ich viele zu meinen Freunden zähle. Ich bin Richter aus und mit Leidenschaft. Gerade deshalb habe ich ein Buch geschrieben, das sich mit den vielen Mängeln der Justiz auseinandersetzt.

»Du hast ja vollkommen recht mit dem, was du schreibst. Aber glaubst du nicht, dass du dir mit dem Buch Feinde machst?«, erkundigte sich meine Kollegin. »Wen zum Beispiel?«, fragte ich zurück. »Die Karrieretypen in der Gerichtsverwaltung und die natürlich, die Karriere über den Richterbund machen wollen. Und einige Strafkammervorsitzende werden auch nicht gerade begeistert sein.« Sie war aufrichtig besorgt, was mich sehr rührte. Ich grinste: »Und warum glaubst du, dass es mich interessiert, was diese Leute denken?«

Der eine oder andere meiner Kollegen wird es bestimmt als unfair empfinden, wie ich das System Justiz und insbesondere den Richter in diesem Buch beschrieben habe. Vor allem Richter in der Gerichtsverwaltung. Ich kann mir schon jetzt lebhaft vorstellen, wie sie noch vor Erscheinen des Buches diskutieren, wenn sie die Ankündigung lesen: Verstoß gegen das Vertraulichkeitsgebot, Verletzung des Mäßigungsgebots, Retourkutsche für schlechte Beurteilungen, Populismus und so weiter. Auch Richter neigen (peinlicherweise) dazu, sich eine Meinung zu bilden, ohne den Sachverhalt zu kennen. Vielleicht fühlt sich manch ein Kollege sogar persönlich verletzt. Falls dem so ist, soll er sich bitte folgende Fragen ehrlich beantworten: Wann hat er sich, obwohl er sich über einen der vielen Fehler, die ich beschrieben habe, geärgert hat, dagegen aktiv zur Wehr gesetzt? Sich auf eine Richterstelle oder ein Beförderungsamt beworben, obwohl er hierzu nicht zuvor von der Gerichtsverwaltung die »Erlaubnis« erhalten hat? Wann gegen eine der intransparenten und nichtssagenden Beurteilungen geklagt? Wenn es mehr Kollegen geben würde, die das System nicht stillschweigend erdulden, sondern aktiv dagegen ankämpfen, gäbe es auch die meisten der dargelegten Probleme längst nicht mehr.

Ich bin mir bewusst, dass die von mir geschilderten Probleme nur einen Teil der Schwierigkeiten ausmachen, die das deutsche Justizsystem charakterisieren. Ich befasse mich weder mit den großen Schwierigkeiten, mit denen die Staatsanwaltschaften täglich zu kämpfen haben, noch mit den immensen Problemen, die zum Alltag der Justizvollzugsanstalten gehören. Und auch ein »unordentlicher« Richter der Verwaltungsgerichtsbarkeit hätte gewiss einiges zu berichten, zum Beispiel über den Anstieg der Asylverfahren von 2007 bis 2017 um 1650 Prozent und die damit verbundene erdrückende Arbeitsbelastung. Ich kann diese Gebiete nicht ausreichend beurteilen. Vielleicht habe ich aber die Kollegen aus dem Vollzug, der Staatsanwaltschaft und der außerordentlichen Gerichtsbarkeit angeregt, die dortigen Schwierigkeiten ebenfalls einmal umfassend zu schildern.

Nachweise

1   www.stern.de, 14.04.2016.

2   www.faz.net, 25.03.2014.

3   www.zeit.de, 20.10.2016.

4   www.spiegel.de, 11.03.2019.

5   amp.focus.de, 01.01.2019.

6   www.sueddeutsche.de, 17.05.2015 »Ohne jeden Zweifel«.

7   Bürgerliche Rechtsstreitigkeiten, Familiensachen und Angelegenheiten der freiwilligen Gerichtsbarkeit.

8   www.waz.de, 31.01.2019.

9   Eine (nur) im juristischen Examen existente volle Note zwischen den Notenstufen »befriedigend« und »gut«.

10   www.faz.net, 18.02.2015, »Der Justiz gehen die Juristen aus«.

11   www.lto.de, 13.09.2018, »Mit 6,5 Punkten ins Richteramt«.

12   Steffi Burkhart, *Die spinnen, die Jungen!*, Gabal Verlag, Offenbach 2016, S. 226.

13   Die Zahlen wurden erhoben vom Bundesamt für Justiz; www.bundesjustizamt.de, Juristenausbildung_2009.pdf.

14 Länge und Reihenfolgen der Stationen weichen in den einzelnen Bundesländern teilweise (etwas) voneinander ab, einen guten Überblick findet man unter www.lto.de »Die Stationen im Referendariat« (Stand Mai 2019).

15 An dem sogenannten Votum.

16 Der Aufenthalt in der ersten Kammer beträgt selten mehr als zehn Monate.

17 Das ist allerdings kein auf das Landgericht Düsseldorf beschränktes Phänomen.

18 Master of Laws, ein juristischer, international anerkannter Postgraduierten-Abschluss für Studenten der Rechtswissenschaften.

19 Vgl. z. B. Max Steller, *Nichts als die Wahrheit?*, 2. Aufl., München 2015, S. 268 f.

20 Birte Englich, »Blind or Biased? Justitia's Susceptibility to Anchoring Effects in the Courtroom, Based on Given Numerical Representations«, in: *Law & Policy*, Oktober 2006, S. 497 ff.

21 Erst 2014 wurde die GVVO aufgehoben, ihre Grundprinzipien bei der Besetzung der Behördenleiterposten gelten jedoch fort.

22 www.lto.de, 02.07.2018, »Deutschland würde heute nicht mehr in die EU aufgenommen«.

23 Für diejenigen, die des rheinischen Dialekts nicht mächtig sind: »Was ist der Kölner Klüngel?«

24 Vgl. hierzu www.nrz.de, 29.04.2018: »Gericht untersagt Postengeschacher um Landessozialgericht«.

25 Vgl. www.stuttgarter-zeitung.de, 07.02.2016: »Wenn Richter am Recht zweifeln«.

26 Thomas Fischer, *Im Recht – Einlassungen von Deutschlands bekanntestem Strafrichter*, München 2016, S. 280 f.

27 Eine Art Zeugnisnote, mit der die Leistung eines Richters bewertet werden soll.

28 Präsidialrichter im Dezernat I, das traditionell für richterliche Personalangelegenheiten zuständig ist.

29 Übrigens ist der Kammervorsitz in Spanien kein Beförderungsamt.

30 amp.focus.de, »Angst vor Clans? Gerichtssprecher weist Vorwurf zurück, aber Vermerk belegt Gegenteil«, 29.03.2019.

31 Gemeint ist das Sekretariat des Richters – wobei der Richter nicht weisungsbefugt ist.

32 Im Juli 2018 habe ich einen Jahreswagen von Hyundai erworben.

33 Gegebenenfalls muss hiervon sogar noch die Kostendämpfungspauschale abgezogen werden (vgl. dazu »Bloß nicht krank werden!«)

34 rp-online.de, 09.04.2014, »Richter wird in Nordrhein-Westfalen zum Mangelberuf«.

35 EuGH Urteil vom 21.02.2018 C-518/15.

36 www.lto.de, »Was verdient ein Rechtsanwalt? Gehälter im Durchschnitt«, Stand 2018.

37 www.zeit.de, »Der angeklagte Richter«, 19.02.2015.

38 m.haz.de, »Student mit Einser-Abitur kauft Jura-Examen«, 08.10.2015.

39 m.faz.net, 15.08.2012.

40 www.pfalz-express.de, 20.04.2016.

41 mobil.express.de, 13.01.2012.

42 www.augsburger-allgemeine.de, 13.01.2012.

43 www.abendblatt.de, 31.01.2017.

44 vgl. Patrick Burow, *Justiz am Abgrund: Ein Richter klagt an*, Stuttgart 2018, S. 46.

45 Keine Sorge: Es gibt kein Landgericht Buxtehude!

46 147 RiStBV Abs. 1 Satz 3.

47 Ein Nachschlagewerk, in dem Rechtsprechung und Literaturansichten zu den einzelnen Bestimmungen eines Gesetzes erläutert werden.

48 www.drb.de, 03.07.2018, Jens Gnisa: »Polen muss Rechtssystem an die EU-Standards anpassen«.

49 www.spiegel.de, 30.05.2017, »Koblenzer Neonazi-Prozess eingestellt«.

50 Jens Gnisa, *Das Ende der Gerechtigkeit*, 2. Aufl. München 2017, S. 158.

51 www.abendblatt.de, 29.03.2018, »Justiz-Panne: Geiselnehmer und Vergewaltiger wieder frei«.

52 Die Zahlen entstammen dem Bericht des Statistischen Bundesamtes »Rechtspflege Zivilgerichte 2017«.

53 www.sueddeutsche.de, 17.05.2015, »Ohne jeden Zweifel«.

54 vgl. z. B. Rolf Bossi, *Hier stehe ich*, Gütersloh 2008, S. 87 ff.

55 Urteil vom 14.04.2016, Az. 117 KLs 19/15.

56 Urteil des Bundesgerichtshofs vom 06.07.2017, Az. 4 StR 415/16.

57 Urteil des Landgerichts Berlin vom 27.02.2017, Az. 535 Ks 8/16.

58 Urteil des Bundesgerichtshofes vom 01.03.2018, Az. 4 StR 399/17.

59 Auch der Strafrest einer lebenslangen Freiheitsstrafe kann gemäß § 57a Strafgesetzbuch unter bestimmten Voraussetzungen zur Bewährung ausgesetzt werden.

60 Weshalb die Staatsanwaltschaft keine Sexualdelikte angeklagt hat, weiß ich nicht genau; möglicherweise, weil die sexuelle Handlung nicht klar gesetzlich definiert ist, sodass es aus ihrer Sicht zu ungewiss war, ob das Gericht die Handlungen der Mädchen als sexuelle Handlungen ansieht.

61 Siehe oben »Wer war noch mal das Opfer?«

62 Stephan Zantke, *Wenn Deutschland so scheiße ist, warum sind Sie dann hier? – Ein Strafrichter urteilt*, 4. Aufl. München 2019, S. 201.

63 www.zeit.de, »Gruppenvergewaltiger kommen frei«, 20.10.2016.

64 mobil.stern.de, »Gruppenvergewaltigung von 14-Jähriger – Staatsanwälte wollen Urteil anfechten«, 24.10.2016.

65 Urteil des Landgerichts Hamburg vom 20.10.2016, Az. 627 KLs 12/16.

66 www.zeit.de, »Als wäre nie etwas gewesen«, 31.03.2017.

67 mobil.stern.de, »Jugendliche Vergewaltiger kommen mit Bewährungsstrafen davon«, 20.10.2016.

68 Urteil des Bundesgerichtshofes vom 12.07.2017, Az. 5 StR 134/17.

69 Urteil des Bundesgerichtshofes vom 06.07.2017, Az. 4 StR 415/16.

70 www.tagesschau.de, »Zahl der U-Häftlinge stark gestiegen«, 24.04.2019.

71 www.bild.de, »In NRW fehlen 523 JVA-Bedienstete«, 24.05.2019.